深圳先行示范丛书 科技创新卷

源头与活水：新型科研机构

王小广 主编　杨柳 著

海天出版社
HAITIAN PUBLISHING HOUSE
·深圳·

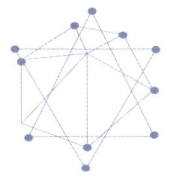

主编简介　王小广

　　中共中央党校（国家行政学院）经济学部副主任、研究员、博士生导师。1995 年获得中国社会科学院研究生院博士学位。曾长期就职于国家发改委经济研究所，先后担任经济形势研究室主任和发展战略与规划研究室主任。2009 年调入国家行政学院，担任决策咨询部副主任。曾连续 9 年主持国家发改委宏观经济研究院重点课题"宏观经济形势跟踪、预测和对策"。在《人民日报》《经济日报》《经济学动态》《管理世界》等报刊发表论文 400 多篇。独立或主笔完成的著作 10 余部，如《中国经济高速增长是否结束？》《中国发展新阶段与模式转型》《新时代宏观调控创新》《治堵经济学》；还主持和参与 10 多项其他部委和地方政府委托的规划课题。2019 年受深圳市委委托，担任重大课题"深圳如何建设'两范'城市"的主持工作。

作者简介　杨　柳

　　深圳本土作家，从事经济、科技、创业类题材创作 10 余年。创作的《创客志：中国创业经典案例研究》系列被列入"十三五"国家重点规划项目；《为创新而生》获得 2016 年度全国城市出版社优秀图书二等奖。还参与主编了《华为创新三十年：解密华为成功基因丛书》《深圳创业故事》《粤港澳大湾区战略性新兴产业研究》等多部科技创新类书籍，受到读者广泛好评。

　　联系方式：zkjhwh2016@163.com

总序

2020 年 8 月，深圳迎来经济特区建立 40 周年的华诞，海天出版社特别策划出版"深圳先行示范丛书"，作为一份特别的礼物以飨读者。

在中华人民共和国成立 70 周年之际，《中共中央 国务院关于支持深圳建设中国特色社会主义先行示范区的意见》正式发布，这标志着深圳站在一个新的起跑线上，肩负着新的历史使命。2020 年 10 月，中共中央办公厅和国务院办公厅发布《深圳建设中国特色社会主义先行示范区综合改革试点实施方案（2020—2025 年）》，赋予深圳在重点领域和关键环节改革上更多自主权，支持深圳在更高起点、更高层次、更高目标上推进改革开放，这是新时代推动深圳改革开放再出发的又一重大举措，也是创新改革方式方法的全新探索。深圳承载着我国攻坚克难的坚定决心，未来将全力书写新时代的"春天的故事"。

南海之滨，东方风来；鲲鹏击浪，志在万里。

40 年来，深圳就是凭借中央赋予的特殊政策"先行一步"，从边陲小镇一跃成为经济发达、科技进步的国际化都市；正是改革开放成就了深圳的奇迹，深圳的未来势必沿着改革开放道路坚定地前行，在新时代走在前列，在新征程勇当尖兵。

当前，我国经济发展呈现速度变化、结构优化、动力转换三大特点，要大力推进经济结构性战略调整，把创新放在更加突出的位置，继续深化改革开放，为经济持续健康发展提供强大动力。在这个历史关头，深圳承担起新的任务，不仅要先行，还要示范，把一些好的做法复制和推广到全国，不断增强我国经济创新力和竞争力。目前，深圳正在酝酿一批有含金量、示范性的重大改革创新政策，争取一批有引领性、突破性的先行先试政策，形成一批可复制、可推广的重大制度成果，向社会主义现代化标杆城市奋勇前进。

习近平总书记曾多次强调科技创新是提高社会生产力和综合国力的战略支撑。他在2013年欧美同学会成立一百周年的庆祝大会上说："创新是一个民族进步的灵魂，是一个国家兴旺发达的不竭动力，也是中华民族最深沉的民族禀赋。在激烈的国际竞争中，惟创新者进，惟创新者强，惟创新者胜。"

党的十九大报告旗帜鲜明地提出："创新是引领发展的第一动力，是建设现代化经济体系的战略支撑。"报告中10余次提到科技、50余次提到创新，到2035年，我国跻身创新型国家前列的目标将激励全社会积极实施创新驱动发展战略，擦亮中国创造、中国智造的名片。

国家的核心战略是创新驱动发展，深圳建设先行示范区的动力也是创新发展。高质量发展离不开创新发展，深圳要成为高质量发展高地，根本出路在于实施创新驱动发展战略，通过创新实现产业结构调整，培育现代产业体系。比如，国家支持以深圳为主阵地建设综合性国家科学中心，以及建设5G、人工智能、网络空间科学与技术、生命信息与生物医药实验室等重大创新载体；为发展战略性新兴产业，国家要求深圳在未来通信高端器件、高性能医疗器械等领域创建制造业创新中心。

　　显而易见，创新发展是先行示范区建设的底色，也是中国特色社会主义生机和活力的彰显。"深圳先行示范丛书·科技创新卷"就是聚焦深圳的创新发展事业，从创新驱动发展的基因到产业实践，再到创新体系建设，力图总结出一套有关科技创新的经验做法，能够给其他城市的发展提供一定的启迪和借鉴。

　　"所当乘者势也，不可失者时也。"新时代为深圳创造了许多重大历史机遇，深圳人要牢牢把握党中央的战略意图，坚持以习近平新时代中国特色社会主义思想为指导，弘扬敢闯敢试、敢为人先的改革精神，保持日夜兼程、奋力拼搏的精神面貌，建设中国特色社会主义先行示范区，辐射带动全省乃至全国的经济高质量发展，为实现中华民族伟大复兴的中国梦提供有力的支撑。

王小广

2020 年 11 月

深圳先行示范丛书

SHENZHEN

XIANXING

SHIFAN

CONGSHU

科技创新孕育新型示范城市

近些年，走在治学与求实路上亲历中国社会经济的重大变革，心里不断生发出"和平年代培养专家，变革年代需要思想"的感慨。21世纪第二个10年之后，各发达国家靠前沿技术搭建起世界高新技术产业，数字技术支持下的智慧经济排浪而来已是不争的事实。所以有学者追问，深圳经济特区建立40年来究竟以什么样的弄潮手段，成为新时代的创新排头兵呢？作为一座屹立于世的国际型大都市，如果要在世界性范围内突显深圳的作用，一般可以从哪些逻辑关系陈述其生成的过程和发挥的重要性呢？

打造一批兼具科学元理念和底层基础技术支撑的新型科研机构，无异于建设中国特色社会主义先行示范区的源头活水。20多年来，深圳组织各方力量在基础研究、源头创新上发挥政府效能，组织建设了一批以科学发现、技术发明、产业发展为主要特征的科研机构，不但集聚了众多的创新人才，还将科技成果转化成带动区域经济发展的重要力量，强化了深圳的创新能力和综合实力。在深圳市政府各项政策的扶持下，以中国科学院深圳先进技术研究院、鹏城实验室、深圳量子科学与工程研究院、深圳市大数据研究院、深港脑科学创新研究院为代表的新型研发机构不断开拓创新，吸纳一流的学者，组建卓越的科研团队，推动产研结合，促进深圳的科技创新水平和规模迈上新高度。

所有人都不会忘记20世纪八九十年代的深圳经济发展模式，大车间、流水线、模块化生产方式在短短20多年的时间里潮起潮落。但令人欣喜的是，制造经济的生产终端派生出了物流采购、供应链管理和整合信息技术三个相对独立的业态环节。特别是近10年，随着移动智能终端叠加在微机终端之上，新的终端不仅催生了人类的脑力劳动，而且以数字替代技术为始发点，衍生出完全不同的数字创造技术。数字经济雏形就完美地隐藏在"生产—交易—消费—分配"的产业链里。深圳作为广东省创建国家创新型城市的代表，坚持把自主创新作为城市发展的主导战略，成功切换产业发展模式，使创新型经济特征更加明显。深圳以企业为主体在全社会持续投入研发资金，使专利数量和质量遥遥领先全国其他城市，梯次型创新企业群的自主创新成果领跑全国科技前沿，并使高新技术产业成为创造区域经济的第一大支柱产业。在创新驱动成为深圳城市发展引擎的时候，深圳把它视为打造国际科技创新中心的一把钥匙，知识产权战略、标准化战略和质量强市战略就是深圳市政府确立的服务于创新驱动的三大助力。未来，还将打造全国乃至世界性的创新型金融中心。

同时，依托数字技术支持下的互联网共享经济与粤港澳大湾区经济产业链相结合，让深圳迎来成为世界级科创中心城市的最佳历史机遇。分析深圳的功能分化趋势，它的空间布局有力证明了这一点：（1）珠三角地区周边产业链的总部经济延伸端向深圳方向聚集；（2）第三方市场和大宗商品市场向核心都会区集聚；（3）权益类要素市场的业态形式将与周边卫星城和产业集聚核心区结合；（4）互联网＋市场中介平台成为连接周边产业的桥梁和纽带。作为一座致力于数字基础设施和科技金融创新的城市，深圳通过深化数字技术支持下的新型国民经济体系，破解核心企业区块链、核心市场区块链、核心金融机构区块链与数字技术支持下的新货币市场对接点，引发深圳地区经济体系产业成长、区域规划以及科技金融场景运用等综合效应。在此基础上，创设高端人才集聚效应，打造数字经济与科技金融、产业升级与核心机构场景创设的试验点，推动深圳成为全国数字经济、科技金融的实验区、示范区，吸引更多新经济、新金融、新业态落户深圳。

回顾以科技创新闻名的世界级城市，伦敦、巴黎、纽约和东京都有一段因科技产业爆发而造就的光荣历史。过去的10多年时间里，他们在材料、系统集成、新型能源等方面取得长足进步，出现了引领智能机器制造和数字经济的新一轮发展趋势。"他山之石，可以攻玉。"为建设中国特色社会主义先行示范区，深圳出台了一系列带动创业创新机制，为创业者提供公平、公正的制度环境，成为粤港澳大湾区经济增长的火车头。但是，深圳、广州、香港、澳门以及大湾区其他城市的竞争与共生，有点类似于纽约都市圈和旧金山大湾区，它们追求效率、重视人才、信息共享、不断突破、宽容失败的良性竞争，带动城市在创新高地取得长足进步。这些都印证了共同繁荣的动力学机制离不开坚持产业化的导向，为转变经济发展方式和调整产业结构提供有力的技术支撑。值得称赞的是，深圳形成以企业为主的创新机制，不但政府做好产业规划，为企业创新提供制度保障，还强化政府部门的服务意识，在全社会培育创新环境。比如，南山区政府设立了专项研发资金，每年举办"创业之星"大赛，为创业者搭建对接实现创新成果的平台，还为创新发展积聚了一批后备人才。

理解时代创新的要义，有效借鉴世界发达经济体内创新型城市的经验，希冀深圳城市的设计者为中国的复兴和崛起贡献城市的力量。期盼深圳在先行示范区的大船上，助推出一组组科技创新的排浪，让深圳在优势和特色产业方面发挥全方位的示范和引领作用，在一些更关键的领域表现出独特的区位优势和产业格局。

曹和平

2020 年 12 月于燕园北西山脚下

（作者系北京大学教授）

创新，为人类带来的是福祉，为国家带来的是繁荣。在浩瀚的历史长河中，创新改变着世界的容颜，也是国家之间较量的利器。

科学的诞生带来了一种前所未有的崭新力量。它是一种思维方式，是一种应用方法，是一种观念，是一种象征，是一种可以不断积累、可以自我纠错的知识工具。科学引发的创新广泛而深刻地改变着人类生活的方方面面，树立起人类进程的一座座里程碑。当科学登上历史的舞台，人的创造力开始成为推动经济繁荣和国家强盛的核心要素，追求创新以及创新的精神，如同找到了生命的基石，使人类社会得以成长、强壮。

有这样一座城市，她因创新而闻名于世，因科技而熠熠生辉；她年轻而富有活力，开放而无限包容，吸引全国乃至全球的创新精英把最美的青春年华在这里恣意绽放。

她，就是深圳。

深圳，是包容的。

高交会、深创赛、双创周，以政府为主导，一个个展现创新创业的舞台圆了多少人的创业梦。不管你来自何方，不管你曾经辉煌还是落魄，不管你是海外留学人员，从高校、科研机构、大企业走出来的高管与技术人员，还是毫无根基的大学生、务工人员，都体会到"政府搭台、企业唱戏"的浓厚氛围，一拨拨创业者为深圳的发展注入鲜活的动力。

深圳，是创新的。

2008 年 9 月，深圳发布了我国第一部国家创新型城市规划。今天，深圳在创新载体建设、新兴产业聚集、创新文化营造方面取得傲人的成绩。在高新技术产业，华为、腾讯、比亚迪等知名企业驰骋海内外市场，在战略性新兴产业领域，涌现了大疆、普门科技、云天励飞等行业新星。

深圳，是开拓的。

深圳鼓励和扶持中国科学院深圳先进技术研究院、深圳量子科学与工程研究院、鹏城实验室、深圳市大数据研究院等一批新型科研机构在深圳落地，为深圳基础研究和源头创新引来新鲜血液。在打造"双创"升级版的过程中，深圳市科技主管部门对关键核心技术和产业共性技术攻关侧重引导，敢于啃硬骨头，敢于涉险滩、闯难关，激发各类主体创新的激情和活力。

包容、创新、开拓，造就了深圳城市发展的新内涵。深圳市政府甘当配角，为创业者提供公平、公正的制度环境和政策服务；创业者真正成为深圳创新大潮中的主角，可以集中精力搞技术研发、企业管理、市场开拓。翻开深圳的创业史，一个个名字熠熠生辉，举足轻重：任正非与华为，马化腾与腾讯，王传福与比亚迪，高云峰与大族激光，刘先成与普门科技，陈志列与研祥……

为什么来自五湖四海的人能在这里燃起创业的激情？为什么高新技术产业能成为深圳的支柱产业？为什么党中央选择深圳建设中国特色社会主义先行示范区？"深圳先行示范丛书·科技创新卷"将从城市战略、科研机构、新兴产业、科技金融四个方面，解说深圳建设中国特色社会主义先行示范区的第一推动力就是科技。

本丛书分为四册：《基因与潜能：创新驱动发展》，介绍深圳坚持创新驱动发展战略，实施知识产权战略、标准化战略和质量强市战略，搭建并完善创新支撑体系；《源头与活水：新型科研机构》，对中国科学院深圳先进技术研究院、深圳量子科学与工程研究院等新型科研机构进行详细介绍；《承载与远见：机制催生创新》，介绍深圳如何进行产业创新机制的探索，对生命健康产业、人工智能产业、机器人产业等战略性新兴产业做重点介绍，讲述包括国内医疗器械行业第一家获得国家科学技术进步奖一等奖的企业——普门科技、爱国实业家唐翔千先生投资创办的清溢光电、专业的智能制造和智慧物流系统提供商今天国际等知名企业的创业故事；《催化与裂变：科技联姻金融》，介绍深圳通过研发资金改革推动科技金融创新，通过科技金融服务平台建设推动科技产业的发展，介绍深创投、高新投、天使母基金、达晨、基石资本、创东方、担保集团、工商银行科创中心、平安产险等知名创投企业和金融机构是如何帮助创业者走向成功的。

这是《中共中央 国务院关于支持深圳建设中国特色社会主义先行示范区的意见》出台后第一部系统梳理深圳科技创新经验的丛书，将对我国的科技创新事业起到巨大的推动作用。正如习近平总书记所说："从全球范围看，科学技术越来越成为推动经济社会发展的主要力量，创新驱动是大势所趋。新一轮科技革命和产业变革正在孕育兴起。""国际金融危机发生以来，世界主要国家抓紧制定新的科技发展战略，抢占科技和产业制高点。"在日趋激烈的全球综合国力竞争中，我们没有别的选择，非走自主创新道路不可，中国需要在新一轮的科技竞争中一马当先。

如今，在建设粤港澳大湾区和建设中国特色社会主义先行示范区"双区驱动"的时代背景下，深圳将承担更为重大的历史使命。如果说最初改革开放先行先试是深圳的使命，今天先行先试已经成为这座城市的自觉追求，沉淀为深圳的城市基因，科技创新更已融入深圳的文化血脉中。希望"深圳先行示范丛书"像一道光，照亮祖国大地上的每一座城市，希望更多的城市会迸发出科技之光，为中华民族屹立于世界之林贡献巨大力量。

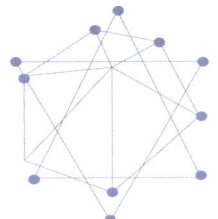

　　着力推动科技创新与经济社会发展紧密结合。科研和经济联系不紧密的问题，是多年来的一大痼疾。这个问题解决不好，科研和经济始终是"两张皮"，科技创新效率就很难有一个大的提高。科技创新绝不仅仅是实验室里的研究，而是必须将科技创新成果转化为推动经济社会发展的现实动力。

——习近平《在十八届中央政治局第九次集体学习时的讲话》
（2013 年 9 月 30 日）

深圳先行示范丛书

SHENZHEN

XIANXING

SHIFAN

CONGSHU

contents 目录

深圳先行示范丛书

SHENZHEN

XIANXING

SHIFAN

CONGSHU

国际著名研究机构：
科研人员的"理想国"

深圳先行示范丛书

SHENZHEN

XIANXING

SHIFAN

CONGSHU

为有源头活水来。

创新型经济的背后，离不开产学研的紧密合作。进入 21 世纪后，发达国家毫不掩饰地把科技作为巩固发展经济水平的首要工具。如何推动产学研的合作、提高创新效率，也成为发达国家极为重视的一项工作。于是，国际上诞生了一批著名的产业技术研究院，作为一种新型产学研结合的研发实体模式，产业技术研究院开拓了科技与产业化结合的新途径，成为科研人员的"理想国"，一方面可以潜心做科学研究，另一方面还能与产业界紧密合作，通过科技的力量推动社会进步。

20 世纪 70 年代，我国台湾地区诞生了台湾工业技术研究院，成为台湾创新体系不可或缺的重要组成部分，对台湾经济的腾飞功不可没。更早一些的时候，德国成立的弗朗霍夫应用研究促进协会，成为德国高科技产业发展的重要支撑平台。美国诞生了巴特尔纪念研究所，它"让'沉睡'在学术刊物上的研究成果'站立'起来，成为实际运用的东西"。

1. 台湾工业技术研究院

2020 年 4 月，台湾工业技术研究院（以下简称"台湾工研院"）凭"无甲醛环保接着剂"项目勇夺创新界有奥斯卡奖美誉的爱迪生奖（Edison Awards）"金牌奖"，在材料科学与工程类技术方面领先美国陶氏化学。甲醛对健康有危害已经不是新闻，但大多数木制家具板材仍须靠含甲醛的黏着剂来黏合。2018 年，全球木材黏着剂需求大约有 3700 万吨，其中高达九成的木头板材都采用尿素甲醛树脂黏着剂。台湾工研院此次获奖的"无甲醛环保接着剂"，突破传统板材含甲醛的黏着做法，应用大自然中最多且易取得的纤维素为基底，不仅黏着性及耐水性佳，不挥发有毒气体，而且易整合现有生产流程，适用于多种木制家具、实木地板及竹制板材等相关木业。

台湾工研院自 2017 年起分别以高速充电铝电池、流体驱动紧急照明、iRoadSafe 智慧道路安全警示系统获得爱迪生奖，2020 年更以"仿生多突状磁珠制备技术"及"无甲醛环保接着剂"项目从全球近 400 件产品中脱颖而出，与陶氏化学、Adobe、P&G、欧司朗等国际大厂共同获得 2020 年度爱迪生奖，让台湾创新生物医药及材料科技对国际有关项目产生重要影响力。

由此可见，台湾工研院凭借过硬的研发实力在国际创新舞台占有一席之地。随着知识经济时代的来临，科技产业是 21 世纪强化竞争力的重要因素，更是驱动产业发展的原动力。因此，在开创新兴科技产业和协助既有产业技术升级的过程中，台湾工研院扮演了极其重要的角色。台湾工研院已经走过 40 多年的历史，见证了台湾经济从一个农业、手工业为主的经济体向科技创新为主的经济体转变的全过程。

（1）定位与使命

20 世纪 70 年代，台湾经济发展进入新的阶段，面临着改造工业结构的迫切任务，台湾工研院应运而生。

它成立于 1973 年，是台湾科技业发展的先驱和台湾最大的产业技术研发机构，创立之初，主要承担的任务是为产业提供技术供给，提升产业技术实力，协助产业转型与升级。它是台湾创新体系不可或缺的重要组成部分，对台湾经济的腾飞起着举足轻重的作用。

随着台湾产业发展迈向创新导向阶段，台湾工研院把定位调整成区域科学技术主要执行者、科技政策制定的参与者和执行者。1986 年，台湾拟定相关科学技术发展长程计划，工研院被明确定位为"任务导向的应用研究机构"。

20 世纪 90 年代，随着世界各国、各区域对技术创新的逐渐重视，台湾工研院在技术供给的角色上加重前瞻技术的研发，同时也积极转型为有市场导向的研究机构，通过产业服务的强化及开放实验室的设立，提供产业界及区域所需要的技术和服务，协助主管部门开创新兴产业。此外，工研院也开始扮演区域创新体系连接点的角色，强化与企业、学界合作。

2002 年，台湾工研院完成了《2008 策略规划》，将业务方向调整为"产业科技研发，知识型服务，技术衍生价值"，由此形成新的定位：（1）研发创新前瞻科技；（2）育成知识密集型企业；（3）促成知识化服务业；（4）建置产业学院；（5）构筑基础平台；（6）促进永续发展。① 尽管台湾工研院也出现困难和面对挑战，但引领科技前沿，不断推进产业升级、转

---

① 陈鹏、李建强：《台湾工业技术研究院发展模式及其启示》，《工业工程与管理》，2010 年 8 月，第 15 卷，第 4 期，第 125 页。

型的宗旨一以贯之。

万物互联、人工智能时代，为了享受更智慧便利的未来生活，关怀日渐老化的人口以及面对能源与资源有限的挑战，台湾工研院持续深耕前瞻性和关键性的技术，规划了"2030 技术策略与蓝图"，将研发方向聚焦于"智慧生活""健康乐活""永续环境"三大应用领域，谋求人类社会福祉，为产业社会带来更美好的未来。

综上所述，每一个阶段，台湾工研院都有不一样的模式，工研院的策略转变与产业趋势发展密切相关，可以说工研院以自身的转型促进了台湾科技产业的转型升级。

（2）对台湾产业发展的贡献

台湾工研院是世界闻名的应用研究机构，拥有数千名高素质的科研人员，以科技研发带动产业发展，创造经济价值，促成了台湾产业技术的提升和产业结构的转型，而且促成了决定产业发展的两大力量——科技与市场的有效结合，成为台湾产业制度创新的重要依托。

首先，它极大地提升了台湾产业的技术实力。台湾工研院以企业需求为指引不断进行技术研发，并以各种方式转移给产业界，推动台湾高科技企业的建立和发展。最受外界夸赞的是，台湾工研院开创了台湾半导体产业的先河。20 世纪 70 年代，台湾工研院从美国无线电公司（RCA）成功引进集成电路（IC）制程与设计技术，建立了试验工厂，制造出亚洲最早的集成电路，奠定了半导体产业发展的基础。台湾半导体产业发展初期，依靠当地行政部门提供的 5 亿元新台币研究经费，制订先导性的半导体产业发展计划。当时，台湾工研院与 RCA 签署了 5 年的技术转移合同，并派出工程师赴美培训。1977 年，台湾工研院建立起台湾第一座 4 英寸晶圆半导体示范工厂；1979 年，台湾工研院成功研制出第一颗供商用电子表使用的半导体晶片，生产良品率高达 70%，比 RCA 生产晶片 50% 的良品率还要高，标志着台湾工研院成功地将从 RCA 转移过来的技术进行吸收再创新。[①]20 世纪八九十年代，台湾工研院从美国引进 IC 相关技术后，投入巨大的人力物力进行研发，在 4 英寸、6 英寸、8 英寸晶圆制造设备、运营管理等技术研发成熟后，又将 IC 技术与相关技术人员进行转移扩散，由此衍生出包括联华电子公司、台积电、台湾光罩等一批与 IC 技术相关的公司，促成了后来台湾集成电路制造业的集群发展，台湾产业的技术实力由此得到全面提升。

其次，台湾工研院为台湾培养和输送了大批科技人才。工研院不仅自身培育了一大批专业技术人才，还积极延揽海外优秀科技人才来台湾。台湾工研院成立了投资公司和孵化中心，先后孵化出数百家高科技企业。转移和孵化过程中，科技人员随着技术一起溢出的现象很常见，台湾工研院年均人员流动率达 15%，已先后为产业界输送 1.6 万名高级人才，这些溢出人才成为企业技术或管理骨干，大大提升了企业的实力。同时，优秀人才和孵化企业又会以股权或捐赠等方式反哺台湾工研院，形成良性循环。

再次，台湾工研院有力地推动台湾实现产业的再造。除了与个别厂商进行技术合作外，台湾工研院的技术开发更多是面向整个产业技术的提升，其中最典型的就是《科技研究发展专案计划》：先确定具有高附加值、市场潜力大的前瞻性共性技术，由台湾工研院组织和推动研发，通过关键共性技术的突破带动产业结构的提升。比如，半导体、动力机械、电脑系统、通信电子、光电系统、生物医药等关键技术的研发，都带动了台湾相

---

① 徐宏宇：《产业开路先锋助推升级与转型——访台湾工业技术研究院资深项目经理魏依玲女士》，《竞争情报》，2016 年 4 月，第 12 卷，第 2 期。

关产业的蓬勃发展。以集成电路产业为例，台湾工研院以芯片这一关键技术切入，产生了带动整个产业发展的作用。其中，台积电得到 1990 年至 2000 年的技术授权和后续技术支持。关键技术的制造环节发展成熟之后，又带动了上下游相关企业的发展，芯片设计、封装、测试等企业得以汇聚，形成了集群效应。

最后，台湾工研院有效地促进了台湾产业技术的制度创新。台湾工研院被界定为财团法人，避免成为低效率的行政机构；衍生公司的设立可避免陷入国有企业的窠臼，并且在适当时机让股权上市，使高科技产业能从资本市场源源不断地获得资金的支持。台湾工研院面向国际前沿科技，不断拓展国际交流与合作。因早先的研发成果长期受到限制，只要是由行政部门出资资助的科技专案，研究成果一律属于公有财产，所以在将科研成果向产业转移的过程中，受到很多限制，无法自由地与企业订立契约。《科技基本法》出台后，行政部门出资或委托的科研成果，其知识产权将全部或部分属于研究机构和企业所有或授权使用。这项内容是科技发展制度的一大突破，台湾工研院在这一过程中起到主要作用。

（3）借鉴与启示

当前，我国社会主义建设进入新时代，加快建立和完善符合现代化经济体系要求的技术创新体系，成为我国深入实施创新驱动发展战略、加快建设创新型国家的重大任务之一，更是推进供给侧结构性改革、培育经济增长新动力的迫切需求。台湾工研院所形成的一整套科研和成果产业化建设模式，充分体现了体制机制上的创新，并且取得了举世瞩目的成就，为我们建设新型科研机构、构建产学研深度融合的技术创新体系提供了宝贵的借鉴。

其一，台湾工研院企业化经营的运作模式。工研院是非盈利性机构和企业化经营的有机结合体，其研发始终以"未来"为导向。采取董事会领导下的院长负责制，在运营和管理，尤其是经费使用和技术转让方面，拥有广泛的自主权。由于采取了企业化经营，没有过多的行政干预，创新资源的配置上不用耗费过多精力去争取，创新元素的流动符合市场发展的自然规律。值得一提的是，没有行政部门在前期和整个发展过程中的鼎力扶持，共性应用技术研发机构难以建立和运转，但台湾工研院始终坚持"不能够端铁饭碗"，不能"变成官方机构"这种高度的自觉和意识，引领台湾工研院走上了一条健康发展之路。

其二，台湾工研院始终坚持公益性。工研院以"世界级的研发机构、产业界的开路先锋"为愿景，经费来源于政府拨款和企业委托项目（初期，政府资助超 60%，之后比例逐渐降低）。随着时代变迁，台湾工研院的功能不断被赋予新的内涵，但为台湾产业提供技术研发、技术服务的主要原则始终不变，技术成果转化原则上只收取成本费，不以盈利为目的，因此受到产业界的广泛称赞。

在台湾工研院的官网上，他们对产业服务的描述是："应产业环境趋势，工研院除持续深化技术前瞻性与跨领域技术整合外，更提供全方位的研发合作与商业顾问服务，包括新技术与新产品委托开发、小型试量产、制程改善、检校量测，以及技术移转、智权加值服务等，并设置开放实验室及创业育成中心，积极推动及育成新创公司，加速产业技术开发及孕育新兴高科技产业。"可见，台湾工研院积极关怀社会公益，从科技应用与服务、科技教育推广、企业志工三个方向，搭起科技公益平台，凝聚科技人才的力量，将科研能量转化为公益的暖流，与产业界牵手创新科技，引领未来。

其三，研发项目瞄准市场，产业导向明显。据台湾工研院资深项目经理魏依玲介绍，台湾工研院设有三大板块：第一个是技术研发板块，包括电子与光电系统研究所、资讯与通讯研究所、机械与机电系统研究所、材料与化工研究所、绿能与环境研究所、生医与医材研究所六大基础研究单元，肩负促进台湾产业升级转型的关键技术，属于常设型任务组织；第二个板块是产品创新中心，是短中期的跨领域合作组织，研发的议题是台湾未来3—5年间具有发展潜力的产品项目，可将技术转移给厂商，待厂商能够实现量产后，这些产品创新中心将功成身退；第三个是产业服务和价值衍生板块，是协助技术转移、产业分析促进研发成果与团队成立衍生公司。台湾工研院利用行业技术研发联盟，搜集分析全球最新技术和产业发展趋势，关注企业技术需求，避免了研究机构"闭门造车"所带来的有效技术需求不足问题。同时，设立技术领域规划委员会和产业经济与趋势研究中心，前瞻布局，培育新的增长点并引领其发展壮大。

2. 弗朗霍夫应用研究促进协会

一排排雪白的巨大风力发电机矗立在蔚蓝的大海上，这是德国不来梅市海上风电码头的独特美景。不来梅市是德国西北部海岸线上最大的城市，近百家风电、风能企业在这里落户。2009年，德国久负盛名的科研机构——弗朗霍夫应用研究促进协会（以下简称"弗朗霍夫协会"）在不来梅市建立了最新的风能与能源系统技术研究所。

弗朗霍夫协会是欧洲最大的应用科学研究机构。它被认为是和马克斯·普朗克协会（以下简称"马普学会"）并驾齐驱的德国最高水平的两大科研机构之一，在国际上享有盛誉。据汤森路透发布的 2016 年全球最具创新力政府研究机构二十五强榜单，法国原子能与可替代能源委员会、德国弗朗霍夫协会和日本科学技术振兴机构在该榜单上名列三甲。弗朗霍夫协会专门向工业企业、服务行业和公共事业单位提供信息服务，实现科技成果的转让，为中小企业开发新技术、新工艺，协助企业解决自身创新发展中遇到的管理问题。1991 年，世界上第一台 MP3 播放器就产生于弗朗霍夫协会位于埃尔郎根的集成电路研究所。

（1）自身定位与组织结构

弗朗霍夫协会是联邦德国政府在 1949 年为加快经济重建和提高应用研究水平而支持建立的一个公共科研机构，成立之初其研究重点偏重于德国战后急需发展的领域，包括矿业、机械制造业等，且主要面向巴伐利亚州的企业。1952 年，联邦德国经济部和基金联合会将弗朗霍夫协会列为除德意志研究联合会和马普学会之外的"第三根支柱"。

弗朗霍夫协会不断发展壮大，拥有下属研究院所共计 72 家，员工超过 2.5 万名，每年研究经费高达 23 亿欧元[①]，主要服务对象为工业和服务业企业以及公共部门，在欧洲、美国、亚洲均设有研究中心和代表处。主要开展健康、安全、通信、交通、能源、环境等领域的研究，是当今德国政府重点支持的四大科研机构（其余 3 家为马普学会、赫姆霍茨研究中心联合会和莱布尼茨科学联合会）之一，也是德国乃至欧洲最大的应用科学研究机构。

弗朗霍夫协会创造了一个大学、政府和企业三方合作的成功机制，这

---

① 孙浩林、高芳：《弗朗霍夫协会服务企业的机制研究及对我国的启示》，《全球科技经济瞭望》，2018 年 4 月，第 33 卷，第 4 期，第 47 页。

个组织中的每个合作者都发挥其特定的作用，都对这个组织有所贡献。大学承担基础研究工作和培养学生的重任；政府机构进行应用性研究，并为弗朗霍夫协会提供财政支持以保障合同研究的最低成本；企业提供合作方式、制造条件和营销思路；弗朗霍夫协会培养工程人员并致力于基础研究和工业应用方向的应用研究。它们之间的相互作用在技术的商业化方面创造了可观效益。

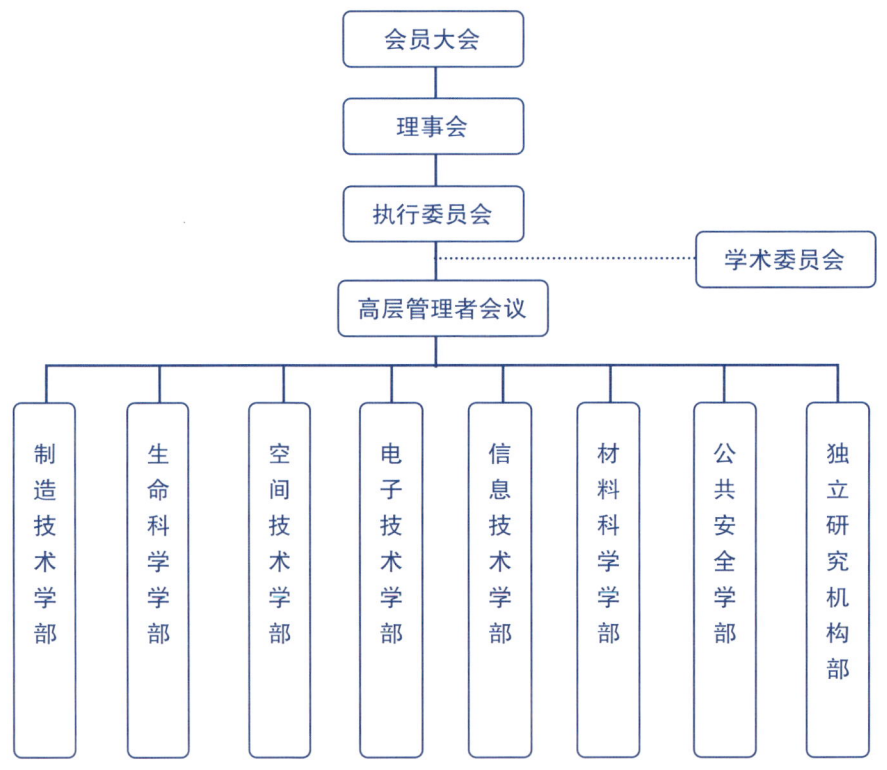

图 1-1　弗朗霍夫协会组织结构图 ①

----

① 樊立宏、周晓旭：《德国非盈利科研机构模式及其对中国的启示》，《中国科技论坛》，2008年11月，第11期，第134页。

　　弗朗霍夫协会受独立的会长领导，会长是执行委员会主席。该委员会对整个机构的决策负责，受监事会监督。监事会由来自私有企业和公共部门的代表组成。总部对各研究所的工作进行监督和管理。研究所所长由总部董事会任命。下属研究所研究计划、经费使用和人员聘用事宜都由所长负责，选聘人员是世界性的。各类工作人员待遇公开透明，加上外部审计制度，有效保证了经费不被滥用。

　　虽然弗朗霍夫模式是大学、政府与企业之间的共同体，但是专利政策有利于弗朗霍夫协会本身。大多数工业合作研究受益于超过50年的几千件技术专利，最大的获利者则是弗朗霍夫协会本身。大多数技术创新的专利为弗朗霍夫协会所拥有，而不是企业或大学。弗朗霍夫协会的回报不仅仅来源于新技术或创新的商业化利益、政府等基金的支持，还在于能开发出可以占有市场的新工艺、新生产方法和产品。弗朗霍夫协会合同研究中的12%是国际合作，其中大部分工作涉及为欧盟所做的项目研究，这些项目旨在通过推动技术系统和流程的发展来提高欧洲产业的竞争力。

（2）借鉴与启示

　　弗朗霍夫协会是目前德国乃至欧洲最具活力的共性技术研发机构之一，该模式已成为将科学研究与产业发展有机对接的典范。弗朗霍夫模式对于我国深化科技体制改革，推进科技成果转化，提高产业核心竞争力具有重要的启示和借鉴意义。

　　首先，弗朗霍夫协会的融资模式是政府、企业和研究机构三位一体。与其他私营研究机构相比，弗朗霍夫协会有其独特优势，最大优势在于研究会超过70%的合同研究收入来自工业和政府资助的研究项目（政府与国际组织科研计划和项目的经费、委托合同经费），30%来自德国政府和各州政府的基础经费（事业费拨款）。通过稳定的经费支持，可以确保其研究的前瞻性，降低某项目研究成果由于市场前景不明朗所带来的风险，同时确保科研方向和队伍的稳定性；争取到的科研项目，可以保证产品的应用能满足政府对社会效益的指引和预测，同时也引导研究所从事服务政府和公众需求的研究。这种独特的经费资助模式实现了弗朗霍夫协会"进行卓越的研究"的宗旨，保证研究水平和能力得到持续提升，面向企业服务的能力也不断提高。

弗朗霍夫协会与商业顾问、会计师事务所、公共部门、私营风险投资公司等中介服务机构建有广泛的联系网络，同时设有私人投资基金，支持科技人员携带具有市场前景的技术出去创办公司，可作为协会分支、分拆公司、合作企业。在人员编制和创业融资方面有比较人性化的扶持，创业成功后企业对协会的反哺机制也比较完善。在工作开展中，重视专利；重视国际交流和国家合作，进行全球网络化布局；与高校、企业、行政部门等建立战略合作平台；研究预测未来技术及产业发展趋势，为各方决策提供战略参考。

其次，研究机构与大学建立伙伴型的人力资源模式，高水平研究型大学应成为共性技术研发机构依托的重要力量。

如果说，政府的投资与支持是弗朗霍夫模式成功的第一大推动力，那么协会与大学的有机融合则是这一模式成功的第二大推动力。弗朗霍夫协会的每个研究机构都与当地大学建立稳定的联系机制，研究机构提供了大学所不具有的企业和政府的研究合同、先进设备，以及扩充知识和接触核心技术的机会；大学为研究机构提供技术人员，弗朗霍夫协会的研究机构因而获得了低于商业成本的科技实力，而且相对稳定（流动性可预测），风险较低。学生攻读学位期间就能获得高超的技术能力，受到全面的商业技能训练，处于商业的广泛联系之中，毕业之后便能快速融入产业。弗朗霍夫协会每个研究机构都是一个自负盈亏的实体，实行企业化管理，受一个代表研究机构、相关资助方和利益方的理事会管理。

再次，弗朗霍夫协会拥有广泛的国际合作资源，为企业打通了向国外发展的通道。弗朗霍夫协会十分重视国际合作，在欧洲、北美、南美和亚洲都拥有子公司，还在全球各地设有 33 个代表处并拥有资深顾问，很多工作人员具有国际经验，掌握相应的文化和语言能力。同时，对国外市场也有一定了解，也可以满足跨国企业在国外的研究需求，为企业进入当地市场搭建桥梁。

弗朗霍夫协会具有面向企业需求的目标导向、尊重市场规律的运营方式、善于打通产学研主体的合作通道，高效凝聚各种创新资源，因而发展成全球最大、最高水平的应用科研机构，也是迄今为止全球最为成功的非盈利共性技术研发机构之一，世界上最高效的技术转移机构之一，为德国工业提供了强大的创新驱动力，是德国创新体系中的重要一员。在市场经济条件下，科技发展既靠市场推动，又靠国家大量投入。德国政府运用市场经济手段，建立非盈利性机构企业化运行的机制，是值得我们借鉴的。

3. 美国巴特尔纪念研究所

美国巴特尔纪念研究所（Battelle Memorial Institute）帕特里克·甘赛尔（Patrick D. Ganzer）等研究人员开发出新的技术，能够重建脊髓损伤（SCI）后的触觉感知。研究人员表示，脊髓损伤后，可以使用一种人脑－电脑界面（BCI）技术恢复瘫痪的肌肉，从而增强运动功能。有关学术论文于 2020 年 4 月 23 日在线发表在国际顶级刊物《细胞》上。

　　像这样的一流科研成果，在美国巴特尔纪念研究所里不胜枚举。总部设在美国俄亥俄州哥伦布市的巴特尔纪念研究所是世界上最大的独立研究机构之一，在全球范围内雇用了 2.2 万名科学家和研究人员，分布在全球 130 个城市，每年总收入约 65 亿美元 ①。巴特尔纪念研究所一直是"科学技术转化成生产力""专利转化为生产力"运动的实践者和领导者。

（1）美国巴特尔纪念研究所的起源

　　巴特尔纪念研究所的起源可以追溯到 1923 年，俄亥俄州钢铁实业家戈登·巴特尔（Gordon Battelle）40 岁时英年早逝，其遗愿是用大部分遗产设立一个旨在"鼓励和促进煤、钢、铁、锌等材料冶炼技术研究和创新，并连接科研成果和实际生产"的研究机构。以戈登·巴特尔的 160 万美元遗产作为启动资金，巴特尔纪念研究所 1929 年在哥伦布市正式成立。研究所成立之初的重要研究领域便是金属冶炼和材料科学。

　　90 多年间，巴特尔纪念研究所领导的技术革新和基于科研的商业化生产，不断改变着世界。例如，巴特尔开发了第一个核反应堆的核燃料棒，还有光盘技术、太阳能膜板、去头屑洗发水、修正液、商品通用条形码等。最好的例子莫过于被称为办公革命里程碑的静电成像技术的研发和商业生产。

　　故事的主角是查斯特·卡尔逊（Chester Carlson），他是纽约的一个专利事务所律师和业余发明家。1938 年，他在自己的简易实验室中制造出了第一台静电复印机。然而，他用了好几年的时间试图出售这个发明专

---

① 代涛、肖小溪、李晓轩：《美国巴特尔纪念研究所的市场化运行机制及启示》，《中国科学院》院刊，2014 年，第 29 卷，第 4 期，第 468 页。

利，但包括国际商业机器公司（IBM）和通用电气在内的 20 多家公司都对此不感兴趣。因为当时他们认为，笨重的复印机无法代替碳素复写纸在市场上占有一席之地。直到 1944 年，巴特尔纪念研究所慧眼识珠，和卡尔逊签订了合同，资助他改进这项重大发明。1948 年，以生产相纸起家的哈罗依德公司（Haloid Corporation）购买了开发并销售复印机的专利许可，并以"施乐"（Xerox）作为商标向市场推出第一款产品。这个哈罗依德公司也就是后来的施乐公司，最终获得了卡尔逊这项发明的全部专利权。这场交易中，除了卡尔逊本人外，巴特尔纪念研究所也从中赚到了"第一桶金"。

（2）业务与服务

巴特尔纪念研究所的影响力体现在其检测和研究成果在国际上具有最高权威性，核心业务与服务包括科技创新、科研服务、科普教育三大块，它的独特优势在于其内部业务形成了从研发创新到服务管理再到教育培训的科学生态循环。

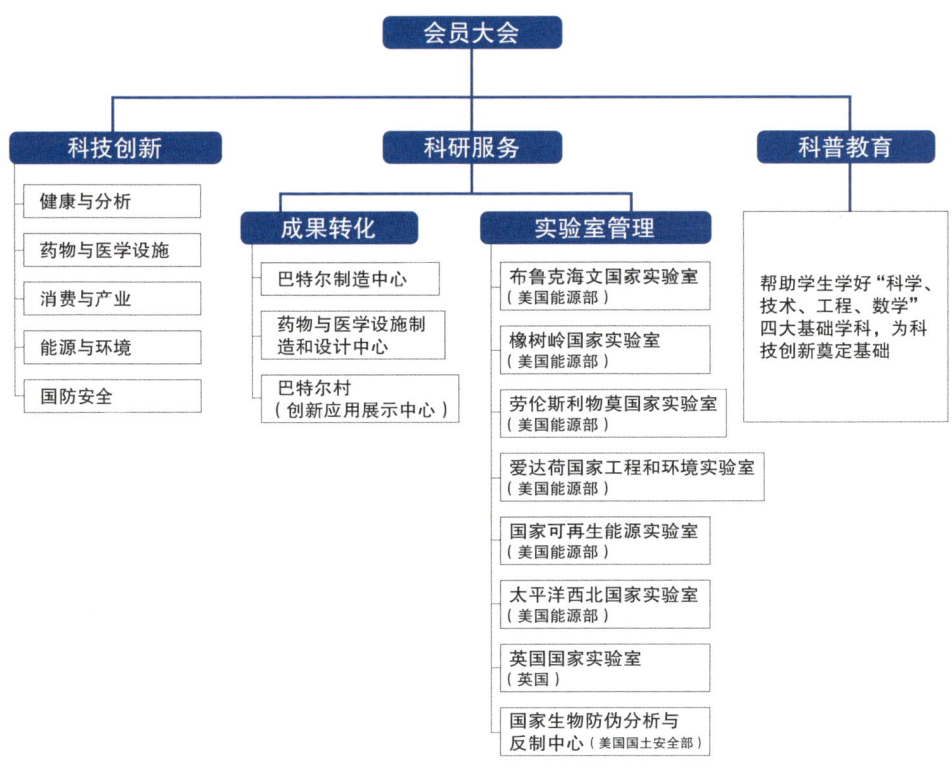

图 1-2 巴特尔纪念研究所主要业务板块 [①]

科技创新板块涉及巴特尔纪念研究所聚焦的健康与分析、药物与医学设施、消费与产业、能源与环境、国防安全等领域，尤其在癌症、生命科学等方面的研究成果达到世界级水平，也正是由于巴特尔纪念研究所本身是一个具有一流科研能力的研究机构，熟悉了解科研规律和管理特点，为它承担国家实验室管理和开展商业化提供了很好的基础。比如，能源与环境方面，从电网、石油、天然气的控制、操作，到环境整治、空气质量

---

① 周洲、赵宇刚：《大科学基础设施管理国际经验借鉴——以巴特尔纪念研究所为例》，《科学发展》2018 年 4 月，第 113 期，第 16 页。

测试，巴特尔纪念研究所为客户提供创新性的能源解决方案，保护自然资源，保持竞争优势，提高安全性和可持续性。

科研服务板块主要涉及成果转化和实验室管理。推动成果转化方面，巴特尔纪念研究所与企业有密切的项目合作，专门为一些没有能力建立研发中心的中小企业提供研发服务。而实验室管理是巴特尔纪念研究所的最大收入来源。巴特尔纪念研究所管理布鲁克海文等 7 个隶属于美国能源部和美国国土安全部的实验室，负责解决一些重大的挑战，包括科学技术、运营以及社会和利益相关者的关系，利用管理范围与多个实验室建立"实践社区"，专注于分享最佳实践，实施创新的商业解决方案。

科普教育板块包括与社区、教育工作者、国家实验室和行业领导者合作，推广科学、技术、工程和数学（简称 STEM）教育项目，而这四大基础学科将对未来科技创新提供重要的支撑作用。

（3）收入来源与模式特点

巴特尔纪念研究所的收入来源主要是实验室管理、国防安全咨询、商业项目转化等，其客户大多为政府机构及中小企业。作为第三方专业机构，巴特尔纪念研究所创造了令人瞩目的管理绩效，这与它注重公益性与市场化机制相结合的管理理念分不开。

巴特尔纪念研究所是以科学、教育和慈善为目的的非盈利性机构，在美国国内享受免税待遇。巴特尔纪念研究所首席执行官（CEO）杰弗里·沃兹沃思（Jeffrey Wadsworth）博士说："确切地说，我们是商业化运营的公司，只是享受免税待遇。"

杰弗里·沃兹沃思介绍，巴特尔纪念研究所每年的研发经费达 65 亿美元，"我们近年来还为美国一些大型科学项目的建设和发展提供了监理服务，其中包括橡树岭国家实验室的'散裂中子源'（Spallation Neutron Source）和'美洲虎'超级计算机（Jaguar supercomputer）项目。目前，我们正在布鲁克海文国家实验室建设世界上最强大的光源 NSLS-2。除了实验室管理，国家安全领域的项目是我们收入的第二大来源，随后是健康与生命科学，最后是能源、环境与材料科学"。[①]

从制度安排上看，巴特尔纪念研究所推行所有权与运营权分离的合同管理，合同期限一般为 5 年，可在此基础上根据绩效评估情况最多延续 15 年，这种期限相对较长的合同有利于保持实验室管理的稳定性和独立性，减少政府人事、政策变动带来的影响。而且，将复杂的科研管理通过具体详细的合同条款加以标准化，易执行、可衡量，有利于强化考核约束。值得一提的是，在评估管理与运作时，综合安全、健康与环境保护成为衡量该方面绩效最重要的因素。除此之外，商业的经营权比重也较高，表明美国对国家实验室的对外服务和成果转化非常重视。

巴特尔纪念研究所也在他们工作的地区和社区进行大量投资。巴特尔风险投资基金是附属于巴特尔纪念研究所的一只风投基金，它不但加快巴特尔纪念研究所拥有知识产权的技术创新项目进行产业化，还单独或者合作资助第三方的技术创新项目的产业化运作。这些运作主要集中在发现和投资一些处于早期研发阶段的技术公司，比如不断地发掘与巴特尔纪念研究所的核心研究领域——国家安全、健康与生命科学、能源、环境与材料科学等相匹配的科学技术和创新机会。巴特尔风投基金的合伙人拥有投资经验、社交网络和管理经验，以及把科学技术转化成市场需要的产品解决方案。在早期投资之后，巴特尔风投基金还会追加资金，辅助进一步的科技创新和产品开发。

巴特尔纪念研究所并不盲目追求利润最大化，注重把公共利益放在突

---

① 刘莉：《全球最大独立研究机构谋求在中国更广泛存在》，新浪财经，2012 年 5 月 4 日。

出的位置。巴特尔纪念研究所将每年利润的 20% 用于回馈社会，主要资助项目所在地的科学教育。在总部所在的哥伦布市，有巴特尔纪念研究所资助的高中、儿童医疗研究中心，有以其命名的会展中心、动物园、水族馆等。这种注重公共利益的管理理念、价值追求与国家实验室服务国家安全及基础科研的目标高度契合。

综上所述，巴特尔纪念研究所承担国家科研任务，体现出其"公立"的一面。其运行机制采用完全企业化运营的方式，实行合同管理，追求"利润"，进行资产运作，设立种子基金等，获得的利润再投入科研，这是它善用市场机制的一面。同时，又注意避免过度市场化而弱化基础研究功能，因此将一定比例的收益投入公益事业，实现了机构的自我循环。巴特尔纪念研究所的这种模式值得我国新型科研机构学习与借鉴，既保持公益和学术属性，又保持企业化运行的活力，成为国家科技力量的典型代表和面向国民经济主战场的"弄潮儿"。

第二章　深圳首支科研国家队：
深圳先进院

深圳先行示范丛书

SHENZHEN

XIANXING

SHIFAN

CONGSHU

　　近年来，深圳市组织科技力量向基础研究、源头创新挺进，建设各类新型科研机构，这些科研机构集科学发现、技术发明、产业发展于一体，既可以集聚高端的创新人才，又能不断将科技集聚能力转换成科技成果，辐射和带动区域经济发展，增强本地区的原始创新能力和竞争实力。中国科学院深圳先进技术研究院（以下简称"深圳先进院"）、鹏城实验室、深圳量子科学与工程研究院、深圳市大数据研究院、深港脑科学创新研究院、深圳合成生物学创新研究院、深圳先进电子材料国际创新研究院等一批新型研发机构，以突出的创新能力和巨大增长潜力，成为引领源头创新和新兴产业发展的重要力量。

　　诞生于 2006 年的深圳先进院，是深圳第一个国家级科研机构。从此，深圳告别了没有"大院大所"的历史，拥有了一支科研实力雄厚、可将知识转化为工业生产的科研院所"国家队"。

　　深圳先进院是深圳市政府与中国科学院、香港中文大学协商共建的国家科研机构，是中科院科技布局调整和深圳建设创新型城市的重大举措。它的诞生对深圳高新技术产业发展、创新型城市建设乃至国家创新体系的完善，都具有里程碑意义。

　　因此，深圳先进院诞生之初，就被寄予深圳人的梦想和希望，期待它成为深圳建设国家创新型城市、推进自主创新的一大"利器"。成立 14 年来，深圳先进院已成为深圳乃至华南地区集成交叉最广、高水平团队承载最多、成果产出最接地气的新型科研机构。

今天的深圳先进院，正在牵头建设深圳市两个重大科技基础设施：脑解析与脑模拟、合成生物研究重大科技基础设施；正在全力筹建深港脑科学创新研究院、深圳合成生物学创新研究院、先进电子材料国际创新研究院（三个创新研究院在后面的章节会有详细介绍），世界一流、高精尖的研究型大学——中国科学院深圳理工大学（暂定名，以下简称"中科院深理工"）也初见雏形。

深圳先进院就像一株深深扎根于粤港澳大湾区的科研大树，坚持产学研资混合创新和科教融合的发展思路，已经在深圳乃至全国的创新热土上开枝散叶，呈现一派生机勃勃的气象。

图 2-1　深圳先进院园区

1. 率先实现理事会制度　坚持"三个一流"理念

2006 年 9 月 22 日，时任中国科学院院长路甬祥为深圳先进院挂牌。深圳先进院的成立其实就是理念的碰撞，《中国科学院章程》明确提出，中科院要成为具有"一流的成果、一流的效益、一流的管理、一流的人才"的国家科研机构，而深圳先进院当时定的理念是"三个一流"，即"一流的人才，一流的科研，一流的管理"，把"人才"放在了第一位。

樊建平回忆道："我当时特别注意路甬祥院长对这个新提法的反应，他基本认可我们的理念，而他对深圳先进院'工业研究院'的定位是很早就认可的。这'三个一流'的思想在十年前就确定了，十年没有动摇过，我们始终坚持把人才放在第一重要的位置。"樊建平对人才招聘工作十年如一日地长抓不放，这在国内高校和科研单位中是很少见的。

人才一流，才能保证成果一流。深圳先进院刚刚筹建，从零起步，没有人才储备，早期创建者们"饥不择路"，企图从北大、清华等高校挖人才，没想到被告到路甬祥那里——此路行不通。这也恰恰反映出国内高校之间的人才是不流动的，还没有形成人才的市场、知识的市场。

在很无奈的情况下，深圳先进院只好去海外挖人，瞄准美国和欧洲发达国家的科技人才。正所谓"无心插柳柳成荫"，这样独特的发展路径形成深圳先进院以海外人才为主的人才构成格局。

当然，深圳先进院也具有吸引海外人才的基因，因为它是中国科学院、深圳市人民政府、香港中文大学三方共建的机构，香港中文大学教授积极参与深圳先进院的筹建工作，深圳先进院得以借助香港中文大学链接全球科技人才，取得先发优势。为了有力推动人才流动，香港中文大学把深圳先进院视为"第二校园"，深入开展科学研究工作。

　　深圳先进院是时代的产物，也是我国科技体制创新的一次大胆尝试。在我国科技史上，从来没有这样一个由中科院、地方政府以及香港某高校共同创办的国家级科研机构，发挥三方优势，搭建国际一流的科研平台。

　　因此，深圳先进院的组织架构、运作模式势必要参考国际上一流科研机构的通行做法，"理事会管理"成为深圳先进院的现实选择。法人治理结构是从西方引入的一个概念，实质上就是关于法人决策机构、执行机构和监督机构三个部分的权利、责任和利益的制度安排。通常情况下，其决策机构的建立常以成立理事会的方式实现。与传统的事业单位受"主管部门垂直管理"的机制不同，理事会制度下的法人治理有一种权力相互制衡的关系。

　　建院初期，樊建平等人对国际一流的科研机构的运作模式曾做过一番

图 2-2　深圳先进院院长樊建平

对比研究。2007 年，樊建平一行去海外著名高校和科研机构考察时发现，发达国家的一流科研机构都明晰政府、科研机构和下属单位的权力和职责，一般赋予科研机构自主权，大多采取理事会制度。世界著名的研究机构——德国弗朗霍夫应用研究促进协会、美国巴特尔纪念研究所的高效运作方式对世界科技发展起到巨大推动作用，因此，理事会制度首先进入樊建平等人的观察视野。

樊建平知道，这些国际著名科研机构都诞生在特殊的历史背景下，其定位宗旨、运行模式和文化内涵都深深地打上了时代以及国情的印记，无法照搬照抄，只有不断地学习和借鉴，才能把中国的科研院所建设得更加完善和先进。

参照国际通行做法，在管理机制上采用理事会管理成为深圳先进院共建三方的共识。樊建平清楚记得，当时三方签署了《共建中国科学院深圳先进技术研究院协议书》，明确规定深圳先进院实行理事会制度。但具体该如何落地，仍在边走边看。

这样的制度安排既是三方共同博弈和平衡的结果，也是参考国际成熟做法的现实选择。相对于内地很多仍以事业单位管理模式为主的科研机构，这本身就是一种很具标杆意义的创新，很大程度上能够让所有人都遵循市场规律而不是以行政权力为导向，打破行政管理层级限制，追求效率效益最大化。

探索了四年之后，2010 年 5 月 24 日，根据《中国科学院与合作方共建研究机构理事会章程》，深圳先进院成立第一届理事会。理事会由共建三方共同组成，中科院担任理事长单位，深圳市人民政府、香港中文大学担任副理事长单位。理事会的主要职责为审议深圳先进院重要规章和制度，提出所长（院长、主任）与副所长（副院长、副主任）的建议人选，

图 2-3　围绕新时期中科院办院方针，深圳先进院积极建设国际一流工业研究院

审议发展战略、规划及法定代表人任期、目标，审议年度工作报告、财务预算方案和决算报告，审议批准深圳先进院的薪酬方案等。

值得一提的是，理事会非常理解并大力支持深圳先进院实行绩效奖励政策。2012 年 9 月 28 日，时任中科院副院长施尔畏主持了深圳先进院第一届理事会第三次会议，理事会不仅同意深圳先进院实行以绩效为主的"基本工资、岗位津贴、绩效奖励"三元结构工资制，同时也要求深圳先进院积极探索薪酬制度的激励作用。在科研机构中，这是将资金和资源集中到人才上的有效办法。

理事会根据深圳先进院人才队伍结构、创新发展阶段，以及年度计划完成情况确定了绩效激励机制。会议结束后，施尔畏拍拍樊建平的肩膀，说："你要好好干！希望绩效奖励政策能在深圳先进院团队建设、科研成果转化方面发挥积极促进作用。"樊建平说："那是必须的！"第二年的理事会上，樊建平汇报了绩效奖励措施所发挥的巨大激励作用——2013 年，深圳先进院在争取科研经费、发表学术论文、科技成果转化等方面都取得了历史性突破。会议同意深圳先进院 2014 年继续实施绩效奖励，奖励范围、标准和原则保持不变。

从 2010 年到 2014 年，深圳先进院第一届理事会先后召开四次会议。2015 年 3 月，完成了第一届领导班子考核，深圳先进院首届理事会届满，圆满完成历史使命。这届理事会对深圳先进院的成长起到了重要作用。

回过头看，这样的探索是值得肯定的。正是这样超前的制度安排，短短 14 年间，在一定程度上解放了科研活力，使深圳先进院背靠中国市场，面向全球招聘"高精尖"人才，始终站在世界科技创新的最前沿。深圳先进院在集聚和激励人才、促进科技创新、推动成果转化等方面所产生的经济效益和社会效益有目共睹。

有关专家建议，这样的制度安排是合理的，符合科技事业发展的实际需求，也是目前国际通用的做法，如果要保证其延续性，最好的方法是给予立法保障，因此，深圳市可以率先立法，大力引导、规范、保护各类新型科研机构，依法高效创新发展，培育壮大知识市场。专家建议在深圳率先设立社会组织法人，并围绕其完善相关法律体系，理清政府、科技机构、市场等不同主体在创新中的权、责、利边界，像20 多年前解放普通劳动生产力一样，解放和发展科技生产力，从法律上为科技机构的独立市场化运营提供根本的保障，使其如同一般企业在商品经济的市场中，在知识经济的市场中一样可以依法自由发展。社会组织法人相关法律体系的建立和知识市场的形成不一定能够快速有效地盘活现有的公办科研院校内的科技资源，但一定能激活市场，而且更多类型的新型科研机构将应运而生，发展壮大。

2016 年 3 月 8 日，路甬祥院士在北京接受记者采访时，回顾了深圳先进院成立的背景和原因，肯定了深圳先进院在过去十年里取得的可喜成绩。他表示，深圳先进院很好地做到了"让当地政府满意、让企业满意、让人民群众满意"，获得了国内外科技界的认可，展现了新型科研机构改革创新的特色和活力。

"中国科学院是国家科学技术方面最高学术机构和全国自然科学与高新技术综合研究发展中心。"路甬祥介绍。中国科学院作为国家战略科技力量，前一段的改革主要是重新整理队伍，重新凝练目标，是以精简为主的，到 2006 年则应该考虑调整结构。一个是空间结构不能过度地集中在北京、上海，要跟中国的经济社会发展状况相契合，也就是说，要在经济发展速度很快、科技需求很旺、产业创新很快的地区设立研究机构，进行创新链方面的衔接，把中科院的基础性、前瞻性的研究成果和研究力量跟企业的创新力量结合成一体，为经济社会发展提供新动力，这是空间结构调整。另一个是创新链条结构的调整，中科院除了关注基础的、前沿的、单向性的技术探索和研究及科学技术，也应该关注少数战略性的产品，比如航空、航天这些系统集成创新，此外，还要关注国计民生的重要领域，比如医疗仪器和高端制造业。

"基于这两点，我们要去适应经济社会对科技创新的需求，要改变长期遗留下来的中国科技资源跟经济社会发展空间上不协调，创新链条上不完整或者是不衔接的状态。"路甬祥回忆道，"我们希望新建一批研究所，不按学科来建，而是根据当地需求，根据创新的战略方向、目标来建设。"

2. 定位新型工业技术研究院

樊建平刚接到筹建深圳先进院的任务时，对深圳先进院的定位并不清楚，也没有任何人告诉他应该如何做。直到 2006 年 3 月，他刚到深圳半个月，就着手对清华大学深圳研究生院、华为、航盛、迈瑞、安科等 10 多家科研机构和企业详细调研，一边考察学习，一边思考琢磨，心中对深圳先进院的定位越来越清晰。当时，中科院的办院方针是："面向国家战略需求，面向世界科技前沿，加强原始性科学创新，加强战略高技术创新，攀登世界科学高峰，为我国经济建设、国家安全和社会进步的重大创新做出基础性、战略性、前瞻性贡献。"结合这个办院方针，并针对深圳先进院建在深圳经济特区的背景，樊建平果断而明智地确定了深圳先进院"工业研究院"的定位，并取得共建三方的认可和支持。深圳先进院在科研管理方面坚持学术和研发并重，始终坚持"顶天立地"，即学术上和国际接轨，强调面向重大前沿技术的探索，做到"顶天"；研发的成果要和当地的战略性新兴产业接轨，强调工业社会的需求牵引，做到"立地"。2015 年 2 月 12 日，中科院院长白春礼在北京宣布，建院已六十五周年的中科院第六次调整办院方针，即"面向世界科技前沿，面向国家重大需求，面向国民经济主战场，率先实现科学技术跨越发展，率先建成国家创新人才高地，率先建成国家高水平科技智库，率先建设国际一流科研机构"。应该说，深圳先进院的成立及其"工业研究院"的定位更是从行动上诠释了中科院新时期办院方针。

深圳是中国市场经济最发达的城市之一，既有华为、腾讯、比亚迪这样的行业巨头，也有数十万家中小企业，企业竞争非常激烈，要在这片土地上胜出就必须遵守丛林竞争法则，因此各类企业对新技术的研发投入也是不遗余力。科研院所要迅速成长，最佳的选择就是满足企业对新技术如饥似渴的需求，大胆地拥抱产业、牵手产业，这正是科研院所实现"跨界生长"的明智之举。

特别值得关注的是，这样的定位不是口头上说说，而是在制度上予以保障的：实施与研究系列并重的工程系列岗位，鼓励系统级的实现与开发，加速成果转移转化；实行"基本工资 ＋ 岗位津贴 ＋ 绩效奖励"的三元结构工资制，通过侧重产业化指标评价，引导科研／管理人才流动到产业

图 2-4　2006 年 9 月 22 日，中国科学院、深圳市政府、香港中文大学签署共建协议书，深圳先进院西丽园区同日奠基

化岗位，鼓励创新人才将注意力集中到产业化的困难环节，从而进一步加速科技成果的转化。

深圳先进院坚持事业单位企业化运作，主动成为市场竞争主体。它打破传统事业单位的"铁饭碗"，实行 5% 末位淘汰制。科研的核心单位"研究中心"实行全成本核算。动态调整内部组织结构，提高活力与效率。激励成果转化的具体做法还有很多，如加强产业化合作项目的绩效比重，对国家纵向项目、深圳地方项目、产业化合作项目按照 1 ∶ 1.2 ∶ 1.5 的比重进行绩效统计，将企业合作项目经费的 10% 直接奖励给开发团队。

从人员结构上看，深圳先进院与高校类似，以年轻人居多，但工作任务主要集中在科研，更加注重科研活动中的效率、严谨和专业化；与传统老牌研究所相比，深圳先进院定位为新型的工业研究院，强调科学研究对整个产业的牵引，科学研究成果的及时转化，鼓励科技创业，有创业型企业的拼搏和创新精神；作为国家级科学研究机构，深圳先进院扶持创业活动的目标并不仅仅是商业资本运作模式下的利润最大化，而且要服从于国家科技创新，引领社会发展的战略性布局；最终，深圳先进院所承担的各项重大科研项目的重担都落在了由众多学成归国的年轻学科带头人率领的科研队伍的肩膀上，因此整个深圳先进院充满蓬勃的青春气息。

樊建平表示："10 多年来，深圳先进院定位为新型的工业技术研究院，70% 的力量用来孵化新的工业，30% 的力量帮助已有产业升级。实践证明，我们的探索取得了不错的效果，体现在深圳先进院与很多企业建立了联合实验室，积极进行协同创新，而且孵化了近千家企业。"

14 年来，深圳先进院累计与华为、中兴、腾讯、联影等 600 多家企业开展协同创新合作，与企业共同建成超过百个联合实验室，累计合作金额达 19.74 亿元。通过"工研院"资源积极建设双创平台，服务中小企业和创客。2020 年，深圳先进院在全国双创示范基地评估上总分位居第二，位于科研院所之首。

在产业培育方面，深圳先进院 2019 年新增孵化企业 209 家，累计孵化企业 968 家，累计持股企业 263 家，占股部分目前估值 76 亿元，涵盖健康与医疗、新能源与新材料、机器人与人工智能、大数据与智慧城市等多个领域。

目前，深圳先进院已初步形成"政、产、学、研、资"一体化、"创新、创业、创富"一体化、"研究、开发、产业"一体化，实现创新链、产业链、资金链紧密融合，将研发活动与市场需求紧密相连，在市场经济肥沃的土壤里展现出勃勃生机。

路甬祥指出，当时对深圳先进院立了一个检验标准，不是发表多少论文，也不是出多少个院士，而是要做到"三满意、一认可"。"三满意、一认可"，看上去这个标准好像很空洞，但实际是很实在的，也就是说，在科技上要符合科技界在这个领域的前沿和价值，另外在社会价值上，要能支持地方经济的发展，否则它就算不上"三满意、一认可"。如今看起来，深圳先进院很好地实现了这个目标。

3. 将专利作为考核指标　破解"两张皮"顽疾

2019 年，深圳先进院专利申请总数量达到 1516 件，知识产权投资实现股权转让的收益为 4.66 亿元。截至 2020 年 4 月 8 日，深圳先进院累计申请专利 8905 件，累计授权专利 3627 件，专利合作条约（PCT）申请数366 件，专利转化率达到 24%。在成果转化上构建了新起点、新高度，真正实现了科技成果转化意义上的闭环。

在 2020 年世界知识产权日到来前夕，深圳先进院公布了其在知识产权与成果转化方面工作的最新进展。樊建平说："从专利申请的领域看，深圳先进院的专利集中于知识产权密集型的前沿科技领域与战略性新兴产业，具有领域覆盖面广、交叉性强等特点。深圳先进院以年孵化企业个数作为建立新工业的主要手段，10 多年的企业培育进入了回报期。"

在知识产权管理方面，深圳先进院结合新型科研机构的特点和实际情况，出台了《技术成果转移转化管理办法》，激励科研及管理人员参与知识产权转移转化工作，并设立专门部门，围绕科技成果开展知识产权申请管理服务及运营变现服务。此外，深圳先进院还积极促进知识产权专业机

图 2-5　2018 年 9 月 15 日，深圳先进院与上海联影合作研发的国产首台 3.0T 磁共振系统创新成果通过鉴定

构与科研团队深度融合，主动挖掘创新点进行培育，协助促进产学研合作，探索知识产权高质量创造、高价值运营的良性循环方式。

在科研成果转化方面，深圳先进院与上海联影医疗公司的合作可称作一段佳话。自 2010 年以来，深圳先进院医学影像中心团队与上海联影医疗公司开展战略合作，研发出我国首台具有自主知识产权的 3.0T 磁共振成像设备。深圳先进院以 3 项磁共振成像核心技术专利作价 1240 万元入股上海联影医疗公司，后又持续注入一批专利技术进行应用，到 2019 年实现股权转让额 4.37 亿元，股权增值 35 倍。深圳先进院与上海联影将在 5T、7T 磁共振，PET-MR 等新技术研发方面继续保持深入合作。

专利转化率较高，从侧面反映了深圳先进院坚持科研与产业化并重的思路，一方面强调面向工业社会的需求牵引，另一方面强调面向重大前沿技术的探索。在前沿技术研究方面，深圳先进院形成了多学科交叉的特色，研究能力和学术水平进入国家研究所的先进行列。

2019 年，深圳先进院新增纵向项目 682 项、科研项目经费（不含人才项目经费）12.8 亿元，深圳先进院与产业界合作项目金额达 6.95 亿元。从项目总数和科研经费看，深圳先进院已跨入全国研究院所先进行列。

过去很长一段时间，我国科技与经济存在"两张皮"的现象，一边是企业自主创新困难，一边是高校科研成果闲置和科技资源浪费等现象严重，有的科研工作者由于脱离产业需求，逐渐失去了从实践中提出问题、研究问题和解决问题的能力。

习近平关于科技工作的重要讲话明确提出，科学研究既要追求知识和真理，也要服务于经济社会发展和广大人民群众。期待广大科技工作者把科技成果应用在实现现代化的伟大事业中。由此，一语点破解决科技与经济"两张皮"的关键所在。只有大力倡导科研与实践需求紧密结合，科技

图 2-6　深圳先进院在成果转化上构建新起点、新高度，实现了科技成果转化真正意义上的闭环（图为深圳先进院专利墙）

创新才能获得更为广阔的施展空间。

深圳先进院用 10 多年的时间走出一条科研与产业并重之路，将专利作为科研人员考核的核心指标，很好地破解"两张皮"的难题，服务经济社会发展主战场。

2014 年，广东泰宝医疗集团与深圳先进院刘嘉研究员联系，手术后的病人血液回流不畅，静脉容易形成血栓，想委托深圳先进院开发一种治疗静脉血栓的血流动力学治疗仪器。调查发现，国外已有同类产品，刘嘉团队必须使用全新的方法绕过外国品牌的专利壁垒。实验证实，采用刘嘉团队的方案可将下肢深静脉血流速度从 30 厘米 / 秒增至 80 厘米 / 秒，有效防止深静脉血栓的形成，从而减少卧床患者肺栓塞的概率。该产品已通过深圳市医疗器械检测中心检测，完成专利 2 项，2015 年获广东省医疗器械注册，已可正式应用于临床。同年 12 月，泰宝医疗集团正式挂牌新三板。

刘嘉说："我觉得自己很幸运，来到深圳先进院既可以追踪科技前沿做学术研究，又可以结合产业需求做产业实践；既可以与医生打交道，了解医生要什么，病人要什么，还能与企业家打交道，了解企业要什么，哪些是市场所需要的，站在各个维度来审视自己的科研工作，让科研工作变得更有味道，这让科研人员的人生显得特别充实。"在刘嘉看来，深圳的优势在于民营经济特别发达，产业配套完善，深圳先进院的"工业研究院"定位非常正确，适合深圳这块土壤，而研究员也要读懂这块土地，明确自己的定位，将个人发展与这座城市融为一体，才可以在深圳先进院平台上做出一番有意义的事业。

像刘嘉这样的科研人员，在深圳先进院不在少数。深圳先进院何凯研究员团队开发的多款机器人已经获得应用，大大提高了生产效率。以自动喷涂机器人为例，过去的喷涂技术以粗放型的生产过程为主，传统设备可控制性差，需要人工操作，环境污染严重，对人体危害大。"我们研发的喷涂机器人，可实现大型构件表面自动喷漆，提高喷漆效率。"而用于三峡水电站的液压启闭机锈蚀检测机器人是团队成果的另一成功应用。根据防汛、发电、通航需求，三峡大坝的闸门需要定期打开和关闭，而液压启闭机就是控制闸门的"开关"。对液压启闭机进行定期的锈蚀检测十分必要。传统检测方法需要通过人工搭设脚手架检测活塞杆，安全风险大、工期长、成本高，且脚手架搭建困难。使用锈蚀检测机器人后，以上问题都迎刃而解。"我们研发的检测机器人搭载了 2D 线阵相机和 3D 激光相机，可同时检测缺陷的大小和深度信息。"这项技术已于 2019 年 10 月成功应用于三峡水电站，单次检测时间从传统搭脚手架的 20 天缩短到 2 小时内。

处于高速发展的中国经济社会，热切企盼科研机构多涌现像刘嘉、何凯这样的科研人员。深圳这座崇尚创新的移民城市从不吝于对英雄的褒奖。2020 年 1 月召开的深圳市科技奖励大会上，中科院深圳先进技术研究院副院长、医工所所长郑海荣获得 2018 年度市长奖，深圳先进院也是第一个两次获得市长奖的单位。

在过去几十年里，我国的高端医疗影像设备几乎被跨国企业的产品垄断。高场磁共振影像技术与装备是重大疾病诊断的核心设备依靠，却是我国医疗产业的薄弱环节，关键核心部件遭受"卡脖子"境遇。所以郑海荣团队下定决心，一定要帮助中国企业打入高场磁共振设备市场，把洋品牌从高价位上拉下来。

郑海荣团队与企业合作研发高场磁共振成像技术和设备。如今，近 800 台国产高场磁共振设备已经被包括北京 301 医院在内的一批知名医院使用，并走出国门出口美国，突破了高端医学影像设备长期被国外垄断的局面，改变了世界高端影像产业格局。团队还开展超声无创深脑神经调控技术与仪器研制，获得国家基金委重大科研仪器项目支持，也是广东省和深圳市首次牵头承担的"国家重大科研仪器设备研制专项"，获得资助 8077 万元；郑海荣主持攻关的"超声剪切波弹性成像关键技术及应用"项目获得 2017 年度国家技术发明奖二等奖，是深圳市在生物医学工程领域首次摘得的国家技术发明奖。

郑海荣在获奖后接受媒体记者采访时表示："当前，深圳迎来建设中国特色社会主义先行示范区的重大历史机遇。创新是我们的最硬核驱动力，唯创新者进，唯创新者强，唯创新者胜。青年科研人员应该燃起激情投身新时代的伟大创新事业中，做出新的业绩。"

经广东省工信厅批准，由深圳先进院、深圳迈瑞牵头，联合上海联影、先健科技与哈工大等龙头企业及高校研究院所组建的"广东省高性能医疗器械制造业创新中心"于 2018 年成立。4 月 22 日，国家工信部组织召开"国家高性能医疗器械创新中心"建设方案论证会，论证方案获得与会专家一致同意。"广东省高性能医疗器械制造业创新中心"正式升级为"国家高性能医疗器械创新中心"，核心成员增加至 10 个。"创新中心"的建设目标及任务十分明确，将有效解决核心技术短板，实现关键医疗器械自主可控，使我国医疗器械迈入世界先进行列。

"应用基础研究与产业化开发能够同时成功，那是因为深圳先进院没有明显的基础研究、应用研究和技术开发的创新阶段区分，没有人为限制科技人员在创新链条中的角色定位，项目选择以可预见的应用和重大效益前景为标准。科研人员有选择研究方向和项目的自由，那些醉心于学术研究的人可以在前沿技术领域耕耘，而偏重于应用科研的人才可以与产业界紧密结合，做出科研成果后能够迅速产业化。"樊建平心直口快地道出成功法门。

谁说应用基础研究与产业化开发不能同时成功？那是因为没有掌握科研活动的规律，或者说没有给科研人员选择和研究的自由。如果科研平台足够包容，环境足够宽松，是健康、有生气的，科学家可以自由地追求真理，那么就能不断地产生新的科研成果，进而可以更好地服务于经济和社会需求。

樊建平的一席话点破了应用基础研究与产业化开发能同时成功的秘密："过去比较长周期的发明，如蒸汽机、电气的发明，到最后大规模应用的时候有三五十年的时间。在那个时代，可以把基础研究与应用研究区分成两个阶段，而如今科学的周期越来越短，科研机构在一个领域里面能待的时间越来越短，比如深圳先进院最早还做工业机器人，慢慢就做服务机器人，现在连服务机器人领域也有很多企业跟上来，我们就开始研究医疗康复机器人，以后还要上马特殊的机器人，比如海洋机器人、外空间机器人。现在变成每个研究领域有很多学科交叉，时间又非常短，深圳先进院一开始就明白这个道理，我们学术和产业都要干。即使我们定位做产业化，但至少得懂前沿科学方向。如果连学术前沿都不懂，又怎么能正确判断产业化的方向，怎么能做好产业化呢？现在企业家主体在干产业化，已经在全球招聘人才，如果科研机构不专业，没有超前的眼光，那就用不着科研机构了。科研单位现在越来越往源头这个方向走，深圳先进院本部的发展方向就是往技术源头走，我们孵化出的专业研究所和育成中心就可以作为产业化的摇篮。"

4. 实现异地自我拷贝　建设成果转化网络

如果说内部管理是以提高运行效率为目标的企业化管理为特征，那么，外溢机构的实践则是深圳先进院践行建设大平台总体发展思路的创新之举。

樊建平介绍，中国从东到西呈梯度式发展，区域经济发展不平衡，有的地区处于知识经济时代，有的地区处于工业化中期，有的地区还是以农业畜牧业为主，这就为溢出机构提供了生存空间，让科研成果能找到最适合的土壤生根发芽。深圳先进院输出的成果因此产生了收益，具有一定的保值增值效果。从这一点上看，深圳先进院通过设立溢出机构，让科研成果在祖国大地上开枝散叶。

2012 年，"两弹一星"功勋科学家孙家栋等多位院士和专家来到深圳先进院，提出依托深圳先进院的技术积累，发挥国家超级计算机深圳中心的优势，构建北斗位置云平台。2013 年，深圳先进院在深圳市南山区人民政府支持下，建设深圳北斗应用技术研究院（以下简称北斗院），成为深圳第一个基于北斗位置信息应用的创新载体。北斗院注册资本 800 万元，深圳先进院以现金投入，占 75% 股权；团队以现金投入，占 25% 股权。经过一年的发展，北斗院从解决国内交通设施容量与公共需求长期存在发展不相适应的矛盾关系入手，用先进的科学技术手段解决和改善城市交通问题，使之有序规划与发展，为建设智慧城市、交通基础研究、交通管理、交通决策及房地产、物流、零售业等商业领域的决策提供大数据支持。深圳先进院以 600 万元现金投资北斗院，2019 年股权变现，实现收益 2400 万元，股权增值 4 倍。

北斗院就是深圳先进院多家外溢机构的一个典型代表。负责外溢机构创立和建设的深圳先进院院地合作与成果转化处处长吴小丽认为，外溢机构是指由政府以财政资金资助、机构建设补贴、免费场地等方式提供支持，深圳先进院以少量现金或技术专利、品牌等无形资产及科研团队作为投入，按照公司法注册成立的，由深圳先进院主导建设的平台型、企业型，且作为实际控股人的创新载体。外溢机构的设立，实现了科技成果从实验室到市场的完整闭环，突破传统的技术成果转移转化模式，成为推进技术成果转化的助推器。

近年来，深圳先进院以市场需求为导向，打造知识产权产业化的"热土"，孵化企业属性的外溢机构，进行技术梯度化的转移转化网络建设。

从 2014 年开始，深圳先进院按照建设大平台思路，建立科技成果转化区域网络，逐步设立深圳创新设计研究院、北斗院、中科创客学院、济宁中科先进技术研究院、天津中科先进技术研究院、珠海中科先进技术研究院、苏州先进技术研究院、杭州先进技术研究院、武汉中科先进技术研究院、山东中科先进技术研究院 10 家外溢机构，让网络核心价值平台助力科技成果转化。

吴小丽说，"外溢机构是深圳先进院实现成果转化的新形态，是联动深圳先进院与区域产业经济发展的有效桥梁"。一方面，外溢机构将深圳先进院的创新理念和基因带到全国各地；另一方面，外溢机构可以将地方产业需求带回深圳先进院，从而形成双向的合作通道。

外溢机构与深圳先进院对人才、技术、公共技术平台等要素充分联动，发挥"搅拌机效应"，强化平台多功能作用，解决当地中小企业关键性技术问题，逐渐从单一的载体建设融入当地产业发展中，实现聚合效应。

吴小丽以珠海中科先进技术研究院为例介绍道，该知识产权投资的创新载体，经过 3 年的建设和运行已经成为当地的一家新型研究示范单位，地方政府下一步将把它作为示范点大力推广，并加大对其支持力度，实现了深圳先进院从无形资产投资向国有资产增值保值的转变。

5. 紧紧抓住研发"牛鼻子" 恪守科研机构的边界

只有专注才会形成核心竞争力，这是组织发展的一条基本经验。深圳先进院从筹建到今天，已转变成科研、教育、产业、资本"四位一体"的平台型研究院。其中，科教融合处于核心位置。

国内传统科研院所强调以科研为核心，但在涉足产业化的时候很容易陷入边界不清晰、过度商业化、低水平重复研究的泥淖，从而大大损害了科研板块的核心价值。而深圳先进院创造性地提出"科教协同"为核心，产业和资本都是直接为这个核心服务。樊建平说："深圳先进院整个体系中，科教协同是最核心的，一方面，科研强调学术引领、产业牵引、交叉融合、集成创新，科研项目的选择以可预见的应用和重大效益前景为标准；另一方面，强调科研离不开学生，教育坚持需求导向，探索依托高水平科研机构建设研究型大学的新路。"

"科教协同"这个核心，包括科研和教育两大板块。科研方面，主要包括集成所、医工所、数字所、医药所、南沙所、脑所、合成所七大研究所，除了南沙所外，在管理上，主要以中心为抓手，采取集中式的扁平化管理。研究员、高级工程师、管理人员、核心员工属于深圳先进院的核心人员。

深圳先进院勇于探索依托高水平科研机构建设研究型大学的新路，它的教育板块主要包括全日制研究生培养、工程硕士和博士后三部分。研究生来源包括中科院统招、与各大学联合招生、留学生、交换生、客座学生等多种形式。工程硕士主要面向在职人员，博士后招收分独自招收和与授牌的合作企业共同招收两种方式。与中国科技大学、香港中文大学、香港大学、华南理工大学等 10 多所高校建立了教育合作关系。

深圳先进院作为深圳市为数不多的博士后流动站，积极发挥其职能作用，彰显国内一流研究院担当，为高端人才博士后培养树立了榜样。比如，为深圳市第二人民医院提供了良好的师资指导及科研平台，2017 年至 2019 年期间，两家单位以联合招收的方式引进博士后科研人员 41 名，出站3名，助力深圳市高级人才建设，并取得了丰硕的科研成果。曹梦涛即为优秀博士后代表，在站期间主持了国家自然科学基金青年项目、中国博士后基金二等资助、广东省自然科学基金项目，于2019年11月顺利出站。

又如，中电科新型智慧城市研究院有限公司与深圳先进院2018年签署联合培养博士后研究人员协议。自合作以来，共计联合培养3名博士后，其中黄申石博士参与中国技能大赛II类竞赛——网络与信息安全管理员决赛，荣获第二名，获得"中国电科技术能手"荣誉称号。

截至目前，在深圳先进院3364人规模中，已聚集600多位海归，研究生导师300多位，课题组研究方向涉及生物医学工程、脑科学、合成生物学、信息技术等各前沿领域，累计培养了来自15个国家和地区的735位博士后、7000多名研究生，为深圳乃至珠三角地区的经济建设提供了一大批高素质的人才。

深圳先进院定位是工业研究院，产业化是不可或缺的一大板块，但围绕"科教协同"这一核心，在产业化方向上延伸多远，同时又不损害科教板块的核心利益，作为深圳先进院的总舵手，樊建平心里定位清晰。他说："产业化一定要搞，但我们只做到孵化出企业就行，企业独立出去以后就不属于深圳先进院的边界，企业是股份制来运作，它的利润好坏我们管不着，但是它好了以后我们的股份有收益，通俗的说法是我们不把企业当儿子养。这是什么意思呢？当儿子养就是对这个产业平台的成长一直承担着很大责任和义务，绝大多数传统的研究所就是把孵化出来的企业当儿子，这个孩子20岁了还在养，它养这个儿子的代价是把'科教'这个核心利益损害掉了。"

因此，深圳先进院摒弃了这一传统做法，而是把孵化出的企业全部推到市场的大海里，完全遵循市场规律办企业。深圳先进院科技成果转移转化有这样几种形式：一是科研成果形成知识产权转移给企业；二是与企业联合攻关，共同开发；三是成立孵化公司，与各行业骨干龙头企业成立联合实验室100多个，常年保持与企业合作联合申报"产学研"类政府资助项目。

值得一提的是，深圳先进院在产业化过程中始终坚持两个原则：第一，聚焦于工业技术开发，尤其是辐射广、包容性强、产业带动能力强的新技术和共性技术的开发，较少纯基础研究；第二，定位于公立的研究机构，不与一般企业争利。前者保证了深圳先进院贴近产业发展的实际，专注于关键技术商业化开发；后者保证了深圳先进院的公益性，当技术开发成熟能够量产后，给一般企业转让技术成果，而不是全都由自己生产经营。以低成本健康产业为例，最初并没有企业愿意涉足，因为投入太大，周期很长，收益较低，虽然倡导低成本健康有很大的社会效益，但没有企业愿意做这样的生意，因此，深圳先进院开发出共性技术，培育相关企业，成立产业联盟，一步步催生出一个市场容量超百亿元的低成本健康产业。

同样，深圳先进院超前预见机器人生产，提前行动，说服深圳市政府发展相关领域。由深圳先进院牵头成立了深圳市机器人协会，深圳先进院院企合作与创新发展处处长毕亚雷担任协会秘书长，该协会每年发布《深圳机器人产业发展白皮书》。相关产业规模持续增长，深圳市机器人企业的个数从10年前不到100家，增加到2018年的649家，机器人工业总产值增长到2018年的1178亿元，成为深圳一个战略性新兴产业，深圳机器人产业在全国占据举足轻重的地位。

深圳先进院看到全球人工智能产业高速发展的势头，深圳的大学研究机构和相关企业也需要加强人工智能人才的培养、人工智能技术理论的研究和服务，建立地方学术性组织，与国内外科学领域的高等院校、研究机构、企业专家、学者进行学术交流、资源对接。因此，2018 年 7 月，由深圳先进院、北京大学深圳研究生院、深圳市信息行业协会、深圳市机器人协会等 8 家单位及 70 多位活跃在人工智能领域的带头人共同申请成立了深圳市人工智能学会。2019 年 4 月 9 日，深圳市人工智能学会正式揭牌，深圳先进院集成所所长李光林担任该学会的理事长，当天还举办了"2019 深圳国际机器人和智能系统院士论坛"，有力地促进了科研机构与产业界的高端学术交流。

樊建平胸有成竹地说："在新出来的领域、未来的战略性产业领域我

图 2-7　深圳先进院累计培养了来自 15 个国家和地区的 735 位博士后、7000 多名研究生

们要布局，我们要占领，但是那些正在红火的领域，也就是进入到产业化高峰的领域，也不能没有我们的声音。我们可以用其他方式去合作参股，但不求控股。我们既然自己起了头，不可能在形势大好的时候就撤出去，保留一点股份在企业里，一方面，可以保持与企业的紧密联系，不断地获得来自企业的技术需求信息；另一方面，可以分享企业发展的利益，用来补充本部对前沿技术研发的经费，形成良性循环。但有一点必须明确，在深圳先进院本部做的永远是产业最前沿的技术研发。我们紧紧抓住研发这个'牛鼻子'，恪守科研机构的边界。"

深圳先进院的资本板块才起步几年，目前已经形成包括由天使投资、风险投资组成的资本保障体系，基金实现向深圳先进院内部项目适当倾斜的市场化运作。未来在天使投资、VC（风险投资）、PE（私募股权投资）、IPO（首次公开募股）等方面将不断完善，实现专业化、体系化、市场化，关注新三板和创业板，参与科技金融创新。

由此可见，深圳先进院较好地把握了"产学研"体系的核心环节，牢牢围绕"科教协同"的核心，产业和资本板块都是为科教核心服务的。正因为他们做到了有所为，有所不为，才能更好地完成其战略使命。这与国内外很多科研机构界限不清、混业经营、过度商业化、低水平重复研究形成了鲜明的对比。

6. 建设中科院深理工 开辟科教融合新天地

深圳光明科学城东北角是一处依山傍水之地，一座现代化的大学正拔地而起，这就是依托深圳先进院建设的中科院深理工。中科院深理工目标是建设成为世界一流、"高精尖"的研究型大学，为建设粤港澳大湾区、综合性国家科学中心及中国特色社会主义先行示范区培养国际化、创新型、复合型领军人才。

2018 年 11 月，中科院和深圳市政府签订合作办学协议，双方依托深圳先进院合作共建中科院深理工。2019 年 10 月，广东省教育厅致函深圳

图 2-8　2019 年 6 月 13 日，中国科学院创客之夜首次亮相全国双创周

市政府，同意将中科院深理工纳入省高校设置的"十三五"规划，标志着中科院深理工正式进入筹建阶段。

中科院深理工选址深圳光明科学城，由中科院和深圳市政府共同办学、共同建设、共同管理，探索"政民共建、科教融合"的新型体制机制。从中国科技大学、中国科学院大学到上海科技大学，再到中科院深理工，"科教融合"已经纳入中科院办学理念，为此深圳先进院作为立足深圳的新型科研机构，担起了筹建中科院深理工的重任。当前，如何高质

图 2-9　高交会集群展区与双创基地展区

量、高效进行"科教融合"也成为新形势下深圳先进院的全新课题。

樊建平介绍，近年来，以深圳先进院为代表的新型科研机构，遵循"M（生产）—E（工程）—T（技术）—S（科学）"的发展路径，从以前技术围绕生产转，到现在打造了"投入研发—核心技术—产业优势"的新型产业发展模式，实现从"生产线经济"到"实验室经济"的转变。中科院深理工将以深圳先进院为基础，通过国际化的办学氛围、高质量的创业环境、一流的科研环境和一流的教授队伍，吸引有志于创新发展的优秀学生。中科院深理工与深圳先进院从人员双聘、研究生联合培养、科研平台共享起步，逐步实现融合发展。

在科教融合方面，中科院深理工将探索建立学院、研究院、书院"三院一体"的人才培养模式。其中，学院主要负责教学及部分基础研究，包括本科生及研究生教学；研究院则是以科研为主的研究平台，着力培养创新创业的复合型人才，打通从科学源头创新到核心技术突破，再到工程能力建设的全链条创新体系；书院侧重培养学生创业意识和人格塑造，兼顾思想政治教育，多方面立体培养"全人格"学生。

在产教融合方面，中科院深理工将延续深圳先进院的科技创新发展路径，通过加强创客学院建设，提倡创新创业精神，提供高质量创业氛围，培育学生的创业基因和能力。

在国际化方面，学校将面向国内外引进高水平、国际化的教师队伍，提升国际化教学水平。专业类课程计划全英文授课，计划三分之一至四分之一教授为外籍，三分之一至四分之一学生为外籍。

樊建平认为，中科院深理工建成后，将对深圳市乃至粤港澳大湾区的建设和发展带来诸多积极的影响。他表示，一直以来，深圳主要的优势聚集在政策机制和产业基础等方面，但是对标世界其他创新之都，深圳的高等教育资源稀缺，会让其在未来发展的人才寻求上付出更高的成本；而以基础研究为主的科研创新载体的缺位，在源头创新上的短板也会影响深圳的转型。"我们希望中科院深理工培养的高水平本科生和研究生，可以为深圳、粤港澳大湾区乃至更大范围的创新发展注入源头活水。"

中科院深理工将发挥中科院在粤港澳大湾区的科教优势，依托中科院在粤布局的重大科技基础设施，打造一批特色鲜明、世界一流的核心研究平台，建设脑科学、合成生物学、电子信息材料、生物医药、高性能医疗器械等多个高水平专业研究机构。

深圳先进院是一个产研结合、科教融合的新型科研机构，广大科技工作者把科技成果应用在实现现代化的伟大事业中，并决心把追求科学真理的精神通过大学教育一代代地传承下去，培养出更多的具有国际化眼光、创新创业复合型人才，为建设中国特色社会主义先行示范区、为把祖国建设成世界科技强国做出新的贡献。

第三章

逐梦科学前沿的终极疆域：深港脑院

深圳先行示范丛书

SHENZHEN

XIANXING

SHIFAN

CONGSHU

大脑是自然界最复杂的系统之一，支配着人类的一切活动。对大脑工作原理进行解密，理解智力、意识和思维的对应关系，一直是激励人类不断探索自然和人类自身的终极研究目标；同时，治疗众多大脑疾病的根本性方案更是需要理解大脑疾病的发生机制，开发针对脑疾病的"早诊优治"新技术。

今天，脑科学的研究正处于加速发展的机遇期，一些发达国家近年来提出了一系列基于绘制大脑神经的连接图谱，进而努力深刻认识和理解大脑功能的重大研究计划。在全球范围内，也正在酝酿着围绕脑科学研究成果的重大的应用突破和产业变革。2019 年 1 月，深港脑科学创新研究院（以下简称"深港脑院"）正式授牌启动，标志着一支国际化脑科学科研队伍从此植根于深圳这块有创新基因的土壤中，开始向脑科学这一科学前沿发起冲锋，未来将成为深圳脑科学和下一代人工智能产业发展的核心智力引擎。

2016 年 5 月 30 日，习近平在全国科技创新大会、两院院士大会、中国科协第九次全国代表大会上指出："脑连接图谱研究是认知脑功能并进而探讨意识本质的科学前沿，这方面探索不仅有重要科学意义，而且对脑疾病防治、智能技术发展也具有引导作用。"脑科学作为当前国际重要前沿科学，已成为全球范围内必争的科技战略高地。深圳在脑科学领域抢占竞争先机，抓住了重大历史机遇，依托深圳先进院与香港科技大学等单位共同牵头成立了深港脑院。深港脑院着力满足国家和地方科技发展的不同需求，成为具有全球影响力、在国内有重要学术地位的脑科学研究基地。

1. 脑科学被视为科研领域"皇冠上的明珠"

脑科学研究被喻为科研领域"皇冠上的明珠"。据深港脑院院长王立平介绍，人们实现"人工智能"的长期愿景，需要从基于大脑认知基本规律的研究中获得启发：比如，人类目前已经实现部分模拟人脑的功能，包括"阿尔法狗"计算机下棋、"达·芬奇"手术机器人等，但目前人工智能技术距离真正达到类人脑的能力还有很长的路要走，我们连大脑处理一些基本生存能力的功能都没有完全清楚。即使是一些低等动物都具有的功能，比如感知危险，饥饿的时候去觅食，知道寻找配偶，知道疼爱后代，目前都无法通过计算机来分析。而人类大脑所特有的能力，包括逻辑思维、语言能力、创造天赋等是如何产生的，我们也都没有更加细致的答案。

另一方面，脑科学的研究面向的是治疗脑疾病的迫切重大需求。现阶段，包括老年痴呆症、精神分裂症、抑郁症、癫痫病、脑卒中、药物成瘾和滥用，以及儿童阶段常见的自闭症、多动症等在内的脑疾病的发病率逐年增高。脑疾病不仅严重影响家庭，也给社会带来沉重的负担，据相关资料，全球大约有 10 亿人患有各种脑疾病，每年的治疗费用约 1 万亿美元，其医疗负担已超过了全部疾病总花费的八分之一。对脑科学的研究，将为发展针对特定脑疾病的诊断和干预的手段提供重要技术支撑。

因此，脑科学研究、脑医学临床转化及类脑和脑机融合智能研究具有巨大的科学、医学和新产业价值，将深刻影响到社会进步、经济发展和国家安全。我国为加快脑科学研究步伐，已着手布局推动脑科学的发展，并将其上升为国家重大战略需求。《国家中长期科学和技术发展规划纲要（2006—2020）》将"脑科学与认知科学"列为基础研究的八个科学前沿问题之一。"十二五"规划至今，我国进一步在脑科学上加强了部署。2016 年《"十三五"国家科技创新规划》也将脑科学与类脑研究列入"科技创新 2030—重大项目"。2017 年，国务院《新一代人工智能发展规划》提出了 2030 年类脑智能领域取得重大突破的发展目标。973 计划早在 1997 年启动后，就先后资助了"脑功能与脑重大疾病的基础研究""老年痴呆症的分子机制研究""脑结构与功能的可塑性研究""人类智力的神经基础""中国语言相关脑功能区与语言障碍的关键科学问题研究"等多项与脑科学相关的项目，总投入超过 10 亿元。国家自然科学基金委也先后启动了"视听觉信息的认知计算""情感和记忆的神经环路基础"等若干重大、重点课题。此外，教育部、卫计委、工信部等相关部委也部署了给予支持的科技计划。2012 年，中科院启动"脑功能连接图谱"先导科技专项，并于 2014 年成立中科院"脑科学与智能技术卓越创新中心"。值得注意的是，这一"中国脑计划"的雏形其至早于 2013 年美国总统奥巴马提出"美国脑计划"的时间，体现了我国对脑科学研究布局中高度的前瞻性。2018 年 5 月，习近平在两院院士大会上再次强调，以脑科学、再生医学等为代表的生命科学领域正在孕育新的变革。

2. 深港脑院应运而生

国家"十三五"规划已将深圳定位为国际科技产业创新中心。脑科学作为一个充满生机的新兴领域，对深圳创建国际科技产业创新中心必将具有重大意义。在此背景下，深圳市瞄准未来科技制高点，将创新驱动发展与国际脑科学前沿结合，抢先布局未来。2014 年 11 月，深圳先进院联合国际优势脑科学研究机构，建立了脑认知与脑疾病研究所（以下简称"脑所"）。2018 年 11 月，为了进一步提升深圳脑科学源头创新能力，抢占国际科技制高点，强化深港科技合作，开始筹建深圳市十大基础研究机构之一的深港脑院。深圳先进院与香港科技大学共同牵头，以南方科技大学、深圳大学、北京大学深圳研究生院为共建单位，成立了筹建办公室。2019 年 5 月 30 日，深港脑院举行揭牌仪式暨第一届管理委员会会议，审议通过了深港脑院章程，审议并任命第一届管理委员会主任和成员、审议并任命学术委员会主任和院长。2019 年 11 月 15 日，召开了第一届学术委员会会议，进一步凝练研究方向，加强深圳与香港合作，建设"开放共享、合作共赢"的脑科学创新研究载体，同年成立 5 个研究中心；布局了"认知的神经基础""重大脑疾病机理""重大脑疾病诊疗策略"和"脑科学研究新技术方法"四个研究方向，致力脑科学前沿研究。

深港脑院院长王立平介绍："深港脑院的诞生是建立在深圳先进院脑所近十年的探索基础上的，这些年来，深圳先进院脑所解决了领域中争议多年的科学问题，在国际上率先发现了大脑对突发威胁的针对恐惧的先天'防御系统'，这是大脑中非常原始、保守的一种固有能力。这一大脑基本运行规律的发现，对脑疾病的发生和人工智能中的快速防御功能研发有重要指导价值。另外，通过和北京大学的团队合作，首次发现了慢性疼痛导致焦虑、抑郁的大脑环路，为研究治疗由疼痛导致的病症提供了新靶点。在帕金森病干预研究中，我们团队率先证实大脑中一类特定细胞有重要贡献，为帕金森病的治疗提供了新的线索；此类细胞还可以作为干细胞的微环境，影响干细胞分化和修复帕金森病受损的脑网络，从而为干细胞治疗帕金森病提供新方案。在脑疾病的干预研究中，我们团队发现癫痫的异常神经元放电在大脑中的传播方向，为精准地抑制癫痫发作提供了靶点。上述研究成果都是基于深圳先进院的研究平台完成的，均发表在《神经元》《自然》的子刊上，代表深圳在脑科学领域的国际影响力。深圳先进院脑所自成立以来，获批国家、省、地方各级项目190余项，共计2.5亿元。其中包括国家自然重大研究计划重点项目、国家重点研发计划、中科院重点实验室、中科院国际大科学计划培育项目、中科院先导课题、广东省创新团队、广东省重点实验室、深圳市学科建设、深圳市重点实验室等重大

图3-1　2019年5月30日，深港脑院举行揭牌仪式

项目。"

他指出，基于脑科学研究的重要性和我国脑科学研究的现状，面对西方国家在脑研究方面的强势出击，我们应该从建设创新型国家的长远目标出发，加强国内各团队的交叉合作，聚焦基础研究的重点突破方向，强调脑科学成果面向重大需求的转化应用，实现脑科学和相关学科的跨越发展。

3. 筑巢引凤喜见成效

王立平说，面对脑科学的国际竞争，我们应该有自己的"杀手锏"，应该考虑如何通过关键问题的解决，实现"四两拨千斤"的效果。过去很多年，各国科研工作者面临"共同的瓶颈"：实验室中拿小老鼠做的实验效果很好，一到人体实验就很难奏效。原因之一，实验小老鼠的大脑和人类的大脑差距很大，它们缺少人类大脑高级功能信息处理的结构，这就导致很多针对脑疾病的药物研发在进入临床研究阶段均连连受挫。王立平介绍，我国脑科学在非人灵长类脑疾病模型研究上已处在世界领先地位，初步建立了多个非人灵长类的研究基地和相应的基因操作技术体系，再加上符合国际标准和动物伦理操作规范，我国有望在此领域取得国际领先的优势。

2019 年 6 月 12 日的《自然》杂志上，深港脑院骨干研究员周晖晖、路中华、王立平等与国内外团队合作发表了一篇重要论文，通过与脑科学国际团队联合攻关，成功制备出新型模拟人类自闭症 SHANK3 基因突变的非人灵长类动物模型，这一模型的建立为自闭症机理的解析以及临床干预方法的发展奠定了重要基础，是近年来国际神经科学界在脑疾病动物模型研究方向取得的关键性突破之一。非人灵长类动物模型与人类大脑结构和功能有诸多相似之处，例如，非人灵长类动物模型具有比较发达的大脑前额叶皮层，这一结构恰恰是掌管决策力、注意力和社交等行为的核心，这些功能产生障碍与自闭症等脑疾病密切相关，因此，非人灵长类动物模型有望成为模拟部分人类脑疾病的比较理想的动物模型。目前，科学家已鉴定出数百种与自闭症相关的基因变体，但大部分单个基因变体对自闭症的产生影响甚微。研究人员针对自闭症产生高度相关的 SHANK3 基因进行深入研究，发现携带 SHANK3 突变基因的非人灵长类动物也出现了和自闭症人群相似的行为特征和大脑连接模式。

图 3-2　2019 年 11 月 15 日，深港脑院第一届学术委员会第一次会议留影

　　一流的科研成果往往诞生于一流的科研平台。深圳市瞄准未来科技发展趋势，支持深圳先进院脑所建立非人灵长类脑科学研究平台。该研究平台获得 2018 年深圳市首家国际通用的实验动物管理和使用的 AAALAC 资质认证，这不仅有助于深圳先进院团队与国内外团队开展科研合作，而且为利用此疾病动物模型开发解决自闭症问题的新药、与国内外生物医药企业开展合作等奠定了良好的基础。王立平由衷地说："如果没有与国际接轨的非人灵长类研究平台，就没有我们这次的研究成果，感谢深圳市的大力支持。基于此平台的不断建设，通过科研人员的不懈努力、通过与产业更紧密的对接，我们有信心做出更多有影响力的成果。"

　　栽下梧桐树，引来金凤凰。

　　路中华博士获得美国杜克大学神经生物学博士学位，之后在美国霍华德·休斯医学研究所跟随诺贝尔奖获得者琳达·巴克（Linda Buck）教授进行博士后研究，主要研究方向为脑疾病神经环路机制的研究以及脑疾病诊断干预策略的开发。他于 2016 年加入深圳先进院脑所，现担任广东省脑连接图谱重点实验室副主任。

　　孙坚原博士是国家杰出青年科学基金获得者，2019 年入职深圳先进院任研究员，博士生导师，现为中国科学院生物大分子科教融合卓越中心骨

nature
International journal of science

Article | Published: 12 June 2019

Atypical behaviour and connectivity in SHANK3-mutant macaques

图 3-3　2019 年 6 月 12 日的《自然》杂志上，深圳先进院等脑科学国际团队发表
关于制备新型自闭症的非人灵长类动物模型的论文

干成员。

徐放博士曾赴欧洲坎普斯利马德中心、日本 RIKEN 脑科学研究所等研究机构访问学习，主要研究方向是发展超快速高分辨全脑三维荧光成像技术，以及图像大数据的三维重构、模式识别等计算分析。

如今，深港脑院已经聚集了近 700 人的全职研究队伍，副研究员以上核心骨干 65 位。深港脑院设置开放课题，吸引了国内外基础和临床研究的专家开展合作研究；通过建设非人灵长类脑疾病模型构建及转化研究平台等 6 个关键科研平台，为深港脑院团队以及国内外开放合作提供了重要支撑。2019 年 9 月，中国科学院脑连接解析与调控重点实验室申请建设通过了专家论证。

一场场高水平的科研活动和学术交流在深港脑院开展起来：2019 年 3 月 23 日，深港脑院"SIAT-UBC 院士工作站"揭牌成立；联合培养博士研究生遴选活动于当年 10 月成功举行，为双方在研究生教育和人才培养

图 3-4　2019 年 3 月 23 日，"SIAT-UBC 院士工作站"举行揭牌仪式

图 3-5　2019 月 10 月 8 日，"SIAT-UBC 院士工作站"遴选首批联合培养博士生

方面的合作奠定了基础；深港脑院与香港科技大学、香港城市大学合作培养研究生，共同为培养下一代脑科学领域的国际化、专业化人才建立了一个"深圳标杆"；2019 年 7 月，举办"脑未来·夏令营"，来自 40 余所海内外高校的 50 名本科学生全方位、零距离地体验和领略了脑科学的独特魅力；2019 年 8 月 29 日至 30 日，与法国农业科学院合作召开中法联合国际峰会，拓展脑科学研究的新前沿领域，并遴选来自中法两国各大高校和科研院所的优秀学生，组织了首届"中法联合脑肠轴国际夏令营"，来自欧洲的近 20 名学生亲身感受深港脑院的国际化学术氛围；2018 年 12 月和 2019 年 10 月，连续两年承办了中国神经科学学会神经科学研究技术分会学术年会，拓展了深港脑院在国内外的影响力。

4.脑科学成果令世界瞩目

阿尔茨海默症，俗称老年痴呆症，是一种以认知、记忆损伤为特征的神经退化性疾病。目前，中国患者超过 700 万，居世界首位。随着人口老龄化的加剧，预期患者数量将继续激增。

然而，关于阿尔茨海默症的发病机制尚未完全明确，也缺乏有效的诊断和治疗方法。国际上关于阿尔茨海默症的研究主要集中于高加索人群，还尚未涉及中国人群的全基因组测序数据。

2018 年 2 月 5 日，《美国国家科学院院刊》上发表的一篇论文引起学术界的广泛关注，此论文恰恰填补了国际上关于中国阿尔茨海默症人群全基因组测序数据的空白，对于阿尔茨海默症的早期诊断、生物标志物研究和药物开发具有重要意义。

这篇论文的作者就是深圳先进院脑疾病中心主任陈宇研究员，他针对中国的患病人群首次进行全基因组测序研究，发现了与疾病发生发展有密切关系的新风险基因位点，揭示了人体免疫系统失调与阿尔茨海默症病变的关系。

截至 2020 年 4 月，深港脑院科研团队在《自然》《科学》《自然神经科学》《神经元》《自然·通讯》《美国国家科学院院刊》等国际顶级期刊发表 SCI 论文 112 篇，申请专利 300 余项，获授权专利 80 余项。研究成果十分显著。

深港脑院科研团队并不满足于单纯发表学术论文，在产业化转移转化方面也倾尽全力，取得了卓有成效的成绩。比如，王立平研究员在光遗传技术研发、光／神经界面构建、神经环路示踪和精准调控等方面开展了一系列的工作，并从 2012 年到 2019 年，连续举办八届"全国光遗传技术培训班"，将上述关键技术辐射到国内 400 余家实验室，为这项技术在国内的普及、降低国内同行的"试错成本"做出了重要的贡献。近年来，这项技术的广泛应用引发了神经科学和神经精神系统疾病病理生理机制，尤其是在神经环路层面上的技术革命，回答了许多传统研究方法无法回答的科学问题。

又如，基于嗜神经病毒的研究体系成为近年来神经环路结构研究的主要手段，因为它具有若干已有手段难以比拟的优势：病毒种类繁多，外源基因的装载能力、宿主和染色体插入位置传播能力与方向、跨突触能力等，为工具病毒的研发提供了众多的选择。

更重要的是，部分嗜神经病毒可特异地沿突触连接传播，表达其所携带元件（如荧光蛋白）的强度不随距离明显改变。所以这类病毒载体若携带环路状态操控和扰动元件、环路活动观测元件和环路的基因编辑元件，将具有整合微观的细胞、分子层次上各类技术方法和工具，偶联宏观的神经影像的方法于一体的前景，为兼顾神经环路结构与功能研究提供了可能。

徐富强研究员及其领导的团队在过去 10 余年里致力于神经环路结构与功能研究新技术新方法的开发及应用。通过整合分子和细胞生物学、遗传学、病毒学、神经生物学 / 影像学、化学、物理学等学科的基本原理和最新进展，发展和建立了基于 10 多类嗜神经病毒为载体的、灵敏灵活的、细胞特异的、环路范围和连接方向可控的、国际上最齐全的神经环路结构与功能可视化研究的工具库，500 余种产品多数处于世界领先水平，建立的服务平台为国内外 800 余家实验室提供支撑，培训国内外技术人员约 3000 人，成为脑科学领域发展不可或缺的工具。

"我们已转化的相关产品近三年销售额达 4000 余万元，"徐富强研究员介绍，"国家把基因治疗列为重点产业发展方向，我们的专利技术可以实现抗癌药物的靶向递送，一方面，我们要继续改进工具病毒，因为现有的工具病毒还存在关键问题，包括病毒毒力较大、复制/传播方向/跨突触级数的可控、细胞种类的选择性/特异性、外源基因的多样性、宿主灵活性、结构与功能元件的兼容性及系统的简易性、感染传播的高效性等都需要进一步发展和完善；另一方面，我们针对新型冠状病毒肺炎、黑色素瘤、糖尿病等疾病要专项深入研究，未来 5 年，利用深圳良好的产业化环境，将有可能在某些基因治疗上获得突破。"

2018 年 11 月，首个基于脑认知规律的服务教育型企业联合实验室挂牌成立。此外，在药物成瘾和干预、神经调控技术、中枢外周神经系统调控、实验动物行为检测等方面也成立了联合实验室或开展战略合作，推动了深港脑院优势领域成果的落地和转化。

5. 脑设施瞄准千亿蓝海市场

2016 年 8 月，深圳市发改委面对社会征集"十三五"重大科技基础设施项目；2016 年 9 月，深圳先进院王立平研究员向市发改委提议建设"脑解析与脑模拟重大科技基础设施"（以下简称"脑设施"）项目；2017 年 2 月，深圳市发改委在北京组织专家论证会，脑设施项目入围深圳市十大重大科技基础设施布局项目；2018 年 5 月，脑设施项目建议书取得了深圳市发改委正式批复。该项目由深圳先进院作为牵头单位，联合南方科技大学、香港科技大学深圳研究院、深圳市神经科学研究院、北京大学深圳研究生院，共同建设面向深圳市和国内外科研机构、院校、企业开放的共享平台。

目前，在深圳市支持下脑设施在光明区的布局建设正有条不紊向前推动。脑设施总建筑面积约 5 万平方米，设备方案总投资约 10 亿元，将针对脑解析、脑编辑和脑模拟三个模块开展建设。科学目标定位围绕"重大脑疾病发生和干预的神经机制及诊疗策略"的核心问题，聚焦老年痴呆症、自闭症、抑郁症、脑卒中和语言障碍五大神经系统疾病，力争将脑设施建设成能为脑功能、脑疾病、类脑智能与脑技术开发、基础与应用转化研究提供资源共享的设施群，推动我国脑疾病诊断治疗技术、脑认知与类脑智能基础理论以及脑科学研究技术领域的跨越式发展。

脑设施的建设是广东省、深圳市积极践行习近平总书记对于广东发展"四个走在国家前列"重托的具体举措。我国已于 2014 年 3 月开始正式筹划"脑科学"计划，并在"十三五"规划纲要中确定"脑科学与类脑研究"作为重大科技创新项目和工程之一。脑设施的建设将突出原创科学发现，驱动技术突破和产业发展，计划依托深圳在基因组学、生物治疗等

图 3-6　2019 年 5 月 26—30 日，首届"中法联合国际峰会"暨"中法联合脑肠轴国际夏令营"活动圆满举行

领域的基础科研优势，发挥已有的重大基础设施（如国家基因库、干细胞库等平台）的上游支撑作用，聚焦脑疾病进行相关科学和转化研究平台建设，吸引深圳本地和国内外的一流研究团队，开展面向上述五类疾病的基础和临床研究，力争在早期诊断手段、新型干预策略、新药创制和测试等研究方向取得国际领先的研究成果，并开展相应的转化研究。

脑设施的建设将充分发挥深港脑院在脑科学领域的优势资源，进一步吸收国际前沿技术，成为国际脑科学领域创新资源汇聚的焦点之一，从而加快粤港澳脑科学群体融入国际脑科学研究领先方阵，为重大脑疾病诊疗研究提供国际一流的基础条件和智力支持。为国内探索利用重大基础设施，推动生命科学特别是脑科学和脑疾病基础与转化研究，提供建设和运行经验起到示范作用。

目前，脑科学与类脑智能技术产业已形成千亿级美元的蓝海市场，脑科学、脑认知、脑智能、脑疾病和脑技术的研究发展正在酝酿着重大的应用突破和产业变革。脑设施的建设目标从一开始就是要推动地方经济的产业创新，为深圳建设国际科技产业创新中心的城市发展战略提供重要的科技创新支撑，助力粤港澳大湾区尤其是深圳医疗器械和神经康复产业的发展提供新的模式和增长点。在脑设施 5 年的建设过程中，为了充分实现"沿途下蛋""聚集效应"，加速自主研发关键技术的产业转化，在国家布局创新"2030 脑与类脑重大项目"实施前夕，依托于脑设施的"脑科学产业创新中心"将在光明落地，成为衔接深港脑院和脑设施实际需求的脑科学新技术产业创新平台的载体。

6. 五大研发部将助推成果走出实验室

深圳脑科学产业创新中心（光明）将在脑科学、脑技术、脑疾病研究领域，建设从"0"到"1"的科学发现，满足服务民生的需求，拓展产业发展的全链条。项目的成功实施，必将聚集脑科学领域国际创新资源集聚光明，提升国家综合科学中心建设，形成"基础研究 + 技术开发 + 成果转化 + 金融支持"的创新全链条，为深圳市、粤港澳地区乃至全国范围内具有一定脑科学基础和应用研究的团队提供科研成果转移转化的创新平台。

脑科学新技术应用与孵化是光明脑科学产业创新中心的关键核心，计划建设 5 个技术与设备研发部：脑图谱解析关键技术研发部、跨物种模式动物制备研发部、脑疾病基因与药物治疗技术研发部、认知健康与发展评估技术研发部以及脑机融合智能技术研发部。这五大研发部都将有力地推动脑科学成果走出实验室，转化为现实生产力。

（1）脑图谱解析关键技术研发部

脑图谱解析关键技术研发部以绘制"中国脑计划"脑图谱的重大科研需求为指引，依托于粤港澳大湾区的制造业优势资源，以重大科研仪器和材料试剂的全面国产自主可控为目标，打造脑图谱科研装备研发制造基地的同时，努力弥补粤港澳大湾区在脑科学新技术领域"稀缺技术资源"的不足。

脑图谱解析关键技术研发部将利用目前世界最快的高分辨三维荧光显微成像技术（VISoR），兼容不同物种、不同组织器官、不同样品的荧光标记方式，有望塑造高精度数字化人体。有了微米级的数字人体平台，我

图 3-7　2019 年 3 月 22-23 日，第二届非人灵长类神经科学研究国际研讨会与会专家合影

们可以在解剖学教学、数字模型、手术机器人模拟器等众多应用领域实现医疗教学系统变革性的飞跃。此外，更大的应用领域是精准医疗，可以依托数字人体平台开展手术前精准模拟，定制个性化的手术方案等精准医疗服务。预计到 2025 年，这种精准医疗服务市场规模可达 200 亿美元以上。

（2）跨物种模式动物制备研发部

脑科学的发展和其他生命科学领域发展一样离不开各种实验动物。实验动物是生命科学及生物医药产业发展的基石，必将带来巨大的市场和需求。据测算，从 2019 年到 2025 年，全球实验动物市场规模将增长 8.6% 左右，达到每年 240 亿美元。长期以来，全球实验动物市场主要由国外供应商主导，相比之下，我国实验动物行业仍处于发展阶段，行业集中度较低，尚未出现具有重要影响力的龙头企业，2018 年国内实验动物的市场规模为 25 亿元人民币。但是，我国生物医药产业近年来发展迅猛，前景广阔。《"十三五"国家科技创新规划》提出推动细胞科技、基因、微生物菌种等现代生物医学研究，强调实验动物是现代生物医学和药物研发的重要支撑，国内实验动物市场需求将在政策促进下持续攀升，实验动物行业的增长速度可能达到20%—25%。由于实验动物行业对技术、资金、人才要求相对较高，因此短期之内市场供应难以大幅提高。

针对我国实验动物市场供不应求的局面，跨物种模式动物制备研发部依托深港脑院和脑设施，已经成功建设了符合国际AAALAC认证的模式动物设施，搭建了国际一流的基因编辑技术和疾病模式动物平台，具备国内领先的模式动物开发技术能力以及服务国内外科研和产业用户的丰富经验。深港脑院中的研究员团队（包括黄天文、王虹、李翔、路中华、王成、朱英杰、周涛等）组成研发部，将在光明脑科学产业创新中心建设具有基因编辑动物模型生产能力的标准化动物平台；开发以基因编辑为基础的基因敲除、基因敲入、单核苷酸置换、基因随机插入等动物模型制备技术；向企业和科研用户开放模式动物生产和定制服务，逐步建成粤港澳大湾区乃至全国集模式动物的制备生产、品系保种、表型分析、数据共享、产业服务为一体的综合性高水平跨物种模式动物研究中心。

（3）脑疾病基因与药物治疗技术研发部

长期以来，大脑疾病的治疗一直是医学难题，如阿尔茨海默症、帕金森病、癫痫等，严重影响着人的健康与生活质量，同时给社会和国家带来巨大的经济负担。以自闭症为代表的神经发育性疾病也缺乏有效的治疗手段，自闭症的发病率约为1%，中国有近800万自闭症患者，其中200万为青少年患者，给家庭社会带来沉重负担。

近年来，脑疾病的基因治疗取得了一系列成果。截至2018年3月，全球有2970多项关于基因治疗的临床研究，其中中国180多项，仅占6%

图 3-8　深港脑院研发团队部分成员合影

左右，与我国经济大国和人口大国的地位不符。采用何种载体介导基因药物靶向病灶是基因治疗的核心问题之一，目前有 65.5% 的临床研究使用病毒载体作为递送体系。深港脑院中徐富强、路中华、李翔等团队构成了脑疾病基因与药物治疗技术研发团队，充分利用自身在脑科学研究制剂和基因治疗载体的前期投入和技术积累，目前已成为我国标志性病毒载体研发团队，具备多个高品质大产量病毒制备能力、10 余种嗜神经病毒研发工具和数百种生物医学研究载体工具。研发部将生产灵敏、简易、特异、稳定和安全多样的病毒载体制剂，用于脑疾病的基因治疗策略与药物研发。

（4）认知健康与发展评估技术研发部

各种无创神经技术在医疗和教育行业的应用，是脑科学研究新理论、新技术和新产品转化落地的两大主要应用方向。2017 年，以神经刺激、脑机接口、神经传感为代表的神经技术的市场规模为 46 亿美元，到 2023 年预计将达到 74 亿美元，2017 年至 2023 年期间的复合年增长率为 8.3%。认知健康与发展评估技术研发部的研发团队在闭环脑机接口 - 神经刺激技术上积累了核心技术，将无创闭环神经调控方式应用于基于脑机技术装备的认知障碍功能调控、认知增强和提升领域。

　　认知健康与发展评估技术研发部选择内部孵化和外部项目遴选并行的方式，一是为深港脑院内部项目成立的初创公司提供产业转化的平台，对接外部投资资源；二是为通过外部遴选的优质项目和企业，提供更加专业化的脑科学研究支撑。主要面向：（1）脑疾病诊疗方向。针对各种精神疾病，重点加速脑机接口、神经调控等非药物手段在精神和运动神经康复领域的应用；吸引和扶持一批新兴企业，建设康复转化中心；针对临床癫痫等发作性疾病，成立技术服务公司，为医院提供脑电、影像等临床数据分析服务；针对自闭症、早产儿，开发认知能力筛查和训练，提供相关技术和服务内容。（2）脑认知教育方向。建立脑认知与发育知识图谱，搜集群体行为大数据，及时辨别儿童脑认知发育程度，为下游儿童脑认知教育企业赋能。

（5）脑机融合智能技术研发部

　　脑机融合智能技术近期在神经精神疾病，如中风、癫痫、帕金森症等的治疗方面需求迫切。无创脑机接口技术目前主要应用在医疗检测和智能家居领域，有创脑机接口技术主要应用在医疗康复领域。到 2027 年，脑机接口市场预计达到 35 亿美元，年增长率超过 11%。脑机融合智能技术研发部以智能为核心，融合脑科学、信息技术、材料、电子等一系列前沿学科，实现突破式创新。研发部通过拟态神经电极阵列制造技术及高通量神经信息获取和解析技术，建立独有的脑神经界面和脑机信息转码技术体系。

习近平提出"推进产学研协同创新，积极投身实施创新驱动发展战略，着重培养创新型、复合型、应用型人才"。脑科学作为下一次产业革命的重要技术支撑，将形成神经科学与纳米材料、认知科学与类脑人工智能、

图 3-9 王立平院长做讲演

脑图谱与信息技术、神经系统与脑重大疾病诊治、神经信号处理与个性化健康医疗等多个新兴技术体系，开拓一场以脑科学为突破口、涉及多个产业领域的全智能化产业革命。

由以上五个模块组成的光明脑科学产业创新中心将成为培养具有国际视野的创新人才的基地。综合性国家科学中心的建设和产业的发展离不开科技人才的积累，更离不开对下一代科技人才的培养。深港脑院与脑设施的建设在前沿基础性领域和基础性人才培养方面做出了重要布局，还注重培养科技人员技术转移转化能力和对市场的理解力。在实现新技术从实验室向临床转化方面，该创新中心在很大程度上起到培养人才、发现人才，最终服务市场的作用。

王立平介绍，光明脑科学创新产业中心落成前期主要作为深圳先进院脑所科研产业转化平台，同时吸引其他脑科学产业项目。由于它毗邻光明科学城脑科学重大基础设施和在建的多所高校，拥有强大的专业人才资源，建成后将成为科研院所、高校本科生和研究生的理想实习单位，为脑科学产业培养有专业技能、运营管理能力，同时也为有志于从事脑科学产业的高等人才提供就业、创业途径。

7. 科教融合培养生物科技人才

王立平曾在国内医院做过几年外科医生，又去德国柏林麦克斯·德尔布吕克分子医学中心、洪堡大学攻读医学神经博士学位，还到美国斯坦福大学生物工程学系从事博士后研究。工作和求学经历让他坚定了一个信念：回国做铺路石，要在国内树立起与发达国家一样的做科研的理念和追求科学真理的精神，这在科研创新中永远是第一位的。只有形成了与国际接轨的科研氛围，带出的科研团队和取得的成绩才能得到国际同行的认可，在这个基础上不断地培养科技人才，形成一支敢于创新、追求真理的科研队伍，假以时日就能赶超发达国家的科技水平。

随着中国国力逐渐强大，对基础科研的投入也让每一位科研工作者倍加感受到"科技为民、科技报国"的责任，这也成为王立平团队的共同初心。深圳先进院正在紧锣密鼓地建设中科院深理工，因此，深港脑院还肩负着一项重要使命，就是和深圳先进院相关领域团队一起筹建中科院深理工生命健康学院。

王立平认为，一流大学的建设，立德树人为根，创新思维为纲，服务民生为本，实现这些，就必须有一流的人才。中科院深理工生命健康学院首任院长将由世界著名神经生物学家王玉田院士出任。王玉田院士是加拿大不列颠哥伦比亚大学医学院的终身讲席教授，主要研究方向是神经元之间突触传递可塑性的潜在机制以及其在脑疾病产生中的作用，并在这些领域做出了杰出贡献，于 2006 年入选加拿大皇家科学院院士。

生命健康学院采用院长和教授委员会负责制，建立包括诺贝尔奖获得者和发达国家院士在内的世界知名专家组成的国际学术评审委员会。委员会将对职位申请人员进行初筛、评估和面试，引进与国际接轨的科研和教学人才团队。

学院以培养适应社会需求的、转化能力强的创新型和应用型生物科技人才为己任，专注攻关有社会需求的特色科研方向。力争在 5 年内初具规模，建成国内乃至亚洲地区生命科学领域内的高级专项人才培养和知识转

图 3-10　王立平院长做讲演

化的知名高地，在 20 年内成为国际著名的生命健康学院。学院按专业设置基础生物学系、神经科学系、合成生物学系、精神健康与公共卫生系、智能交叉科学中心等。

"学院建立面向国家需求和国际前沿的课程体系，并坚持科教融合，鼓励挑战权威。高年级本科生可自由选择导师，进行实验室轮转，培养自己独立思考、设计及动手能力。在暑期，学院会鼓励并推荐学生前往科技公司、药企或者出国进行实习。学院与国际一流高校联合培养研究生，鼓励学生自由选择不同的研究生培养计划，通过实验室轮转自由选择导师。学院以培养国际化、创新型、复合型人才为目的，不断完善课程体系，深化科教融合，促进深圳的科研和教育发展，为建设综合性国家科学中心做出贡献。"描述生命健康学院的未来时，王立平的语气里透出自信与豪迈。

第四章

从理解生命到构建生命：
合成创新院

深圳先行示范丛书

SHENZHEN

XIANXING

SHIFAN

CONGSHU

近年来，得益于信息技术、生命科学等学科的迅猛发展，合成生物学异军突起，它是融合了生物学、化学、物理学、工程技术科学等多学科和方法的交叉学科，可按照人类意愿对生物体进行系统设计和工程化操作，甚至用新兴交叉技术创建人工生命体，能够实现对生物行为功能的合成再造与控制。

合成生物学涉及一个全新的科学领域，包含从 0 到 1 的原始创新，并蕴含着上千亿元的产业机会，这对于企盼揭开生命奥秘和改变世界的人类来说，无疑具有巨大的吸引力。与发达国家在合成生物学领域纷纷超前布局、投入大量财力和人力一样，我国也加快了在该领域的创新脚步。在国内位居前列的几支科研队伍中，依托深圳先进院合成所建设的深圳合成生物学创新研究院（以下简称"合成创新院"）是一股不容小觑的重要力量，他们瞄准国际科学前沿，注重产业落地，努力让合成生物学为人类的健康和繁荣源源不断地做出新贡献。

1. 合成生物产业成为待开发的宝藏

当前，全球新一轮科技革命和产业变革蓄势待发，大数据技术大大提升了生命科学与生物技术的发展，测序技术的突飞猛进则带动了各种组学技术的快速突破并投入产业应用，生命科学已经进入大数据、大平台、大发现时代。技术的不断进步带来了合成生物学的繁荣，合成生物学家希望利用生物学的强大力量研发出新技术，将合成生物学从无法预知的领域带入可预测的王国。人类有可能按照对生物系统运行法则的认识，以最优化的方式重新编程，甚至合理引入人造法则，创建出可再造、可调控、可预测的"人造生命"，为人类面临的资源、能源、健康、环境、安全等重大挑战提供崭新的解决方案。

在工业方面，科学家们从"传统生产模式"走向"工厂自动化"，实现复杂药物化合物的合成。

大量复杂药物的关键中间代谢物及其结构类似物可以采用人工细胞进行合成。将来自细菌、酵母及植物（例如青蒿）等多种酶基因在大肠杆菌和酵母中进行组装、集成和微调，构建能够合成抗疟药物青蒿素前体青蒿酸的人工细胞，使青蒿素的生产成本显著降低。

此技术能力已经可以用 100 立方米工业发酵罐替代 5 万亩的农业种植，堪称合成生物学的应用典范。人工生物合成青蒿酸、紫杉烯等植物源药物，以及玫瑰花香精、咖啡因、香料、色素等植物源化学品，已经开始颠覆传统种植提取的生产模式。例如，以传统方法制造一瓶香气四溢的 50 克玫瑰精油可能需要 1000 多朵玫瑰花，但合成生物学家们从玫瑰中提取基因，将其导入酵母菌，就可以像酿造啤酒一样在发酵罐中生产玫瑰精油。

在生物医药方面，科学家们合成肠道微生物的制药流程，已实现大规模实验室生产。合成的肠道微生物药物可以用于治疗消化道、代谢等重大疾病。目前，合成生物学家在微生物菌群研究方面也取得不俗的成绩。人类微生物组计划产出的大量研究成果显示了人体微生物和人体健康之间存在密切的关系，肠道菌群的移植在一些人体疾病的治疗上已显示出强大威力。但是肠道菌群的复杂性也限制了该技术的临床应用。通过引入合成生物学的理念和技术，合成肠道菌群将极大提升菌群移植在临床上的应用。

此外，通过合成生物学技术改造噬菌体，可以为人类解决一个棘手的敌人：对抗生素产生耐药性的"超级细菌"。英国惠康基金会的最新报告指出，每年全球有大约 70 万人死于抗生素耐药性。合成生物学在应对"超级细菌"感染方面也显示出良好前景。

在农业生产方面，合成生物学可以从"生物源头"解决粮食问题。

合成生物技术在农业上的应用主要围绕高效光合作用、固氮作用、固

图 4-1　2017 年 12 月 2 日，合成生物学研究所（筹）举行揭牌仪式

碳作用等基本问题，实现粮食产量的提高、品质的提升、环境的改善等，以应对新世纪越来越严重的人口与社会危机。同时，也促进作物适应高盐碱等恶劣环境的能力，实现新型智能作物在贫瘠土地的增效增产。

除此之外，人造食品也是合成生物学的研究范畴之一。近些年来，英、美等国先后建立了一些蛋白质工厂进行研究试验，我国也已开展这项具有重大意义的研究工作。相信在不远的将来，"人造食品工厂"不再是空想。它可按照科学饮食标准，调配符合人体需要、有益人类身体健康的食物。人造食品不需要土地种植，直接从工厂中培育出来，既不受地区、气候限制，又不怕水、旱、虫、雹等自然灾害，一年四季都能生产，而且不会污染环境。

由此可见，为了解决我们目前面临的重大挑战，应该将合成生物学推到科学舞台的前面，让它大放异彩。采用合成生物学可以解决人类面临的资源、健康、环境、安全等重大挑战，将从根本上重塑人类的经济生产模

图 4-2 合成创新院揭牌

式和生活方式。在技术、市场、需求的耦合驱动下，合成生物技术及产业发展将迎来战略机遇期和跨越式发展的新阶段。

全球许多国家早已开始布局合成生物学产业。美国的合成生物产业发展最早、发展速度最快，主要集中于旧金山湾区和波士顿地区。据美国伍德威尔逊中心（Woodrow Wilson Center）智库网站 2020 年最新统计，已经或即将上市的合成生物技术产品有 116 种，包括对农业种植、石油化工、有机化工等传统路线的颠覆性新产品，将创造千亿美元的市场。据美国合成生物学专业社群 SynBioBeta 数据显示，目前美国合成生物初创企业超过 200 家，其中有 98 家在 2018 年合计募资 38 亿美元。

英国是另一个合成生物产业发展较快的国家。据英国国家合成生物学转化和商业化中心发布的《2017 年英国合成生物学初创公司调查》报告，英国在 2000—2016 年期间共成立 146 家合成生物企业，这些企业在2015—2017 年期间募集了超过 4 亿英镑的投资资金。类别涵盖技术平台、DNA 存储、非天然元件、酶制剂、生物基合成材料、各类医学应用等。

除美英之外，加拿大、日本和欧洲多国也纷纷在其原有产业结构的基础上快速发展合成生物产业，以巩固其行业领先优势。比如，荷兰在工业酶与香精、生物基材料、食品应用领域，法国在微生物治疗、生物燃料领域，德国在生物基材料领域，瑞士在香精合成、医学应用领域，丹麦在酶制剂领域，均出现了不少领先的合成生物初创企业。

2. 聚集一批国际一流的科研人才

与发达国家相比，我国合成生物产业尚处于发展的早期，合成生物相

图 4-3 合成创新院学术带头人既年轻又有活力

关产业主要包括 DNA 合成、生物基材料、氨基酸与维生素、工业酶制剂生产，以及医疗、食品、农业等应用领域。目前真正基于合成生物技术成立的初创公司还很少，特别是在自动化技术平台、软件服务、非天然元件、特种酶制剂等方面的初创团队仍很罕见。不仅如此，传统产业中使用合成生物技术的企业也非常有限。

根本原因在于我国合成生物技术发展仍然面临着一系列亟待解决的问题，科技创新质量和水平仍需提高，科技支撑产业创新发展的能力还不够强，原创性科学发现和颠覆性技术缺乏，生物资源保护及挖掘不足，具有自主知识产权的新型疫苗、抗体等生物制品的研发能力和市场竞争力薄弱，基础研究向产业化转化的效率亟须提高，这些因素制约着我国合成生物技术及产业高质量地快速发展。因此，迫切需要合成生物学创新驱动，为建设世界科技强国、推进经济社会可持续发展提供有力支撑。

合成创新院在这种时代背景下应运而生。作为深圳先进院的非独立法人机构，合成创新院依托 2017 年 12 月成立的全国首个合成生物学研究机构——深圳先进院合成生物学研究所（以下简称"合成所"），于 2019 年 5 月正式揭牌。合成创新院在凝聚合成所人才团队基础上，逐渐打造"科研—转化—产业"的全链条企业培育模式。一批学成归国的青年科学家聚集在合成创新院的平台上，壮大了我国合成生物学研究力量。合成创新院现已建成生物、物理、化学、材料、计算机信息等多学科交叉，以青年科学家为主的人才团队，高水平全职学术带头人有近 40 位，分别来自哈佛大学、耶鲁大学、麻省理工学院、约翰·霍普金斯大学、杜克大学、纽约大学等著名学府，员工约 500 人，团队规模在未来两年仍将保持高速增长，合成创新院已经成为该领域最大的一支国际研究团队。

合成创新院院长刘陈立，2014 年从哈佛大学回国牵头组建合成生物

图 4-4　2019 年 5 月 9 日，国际合成生物设施联盟在日本神户成立

图 4-5 2019 年 10 月 27 日，亚洲合成生物学协会（ASBA）总部落地深圳，总秘书处设在深圳先进院

学工程研究中心（以下简称"合成中心"），在合成生物学领域积累深厚，作为通讯或共同通讯作者，分别在《自然》《自然·微生物学》《美国国家科学院院刊》《微生物组学》等国际著名学术期刊发表一系列高水平论文，申请发明专利 19 件、PCT 专利 3 件，其中授权 3 件。作为合成创新院的开拓者和带头人，刘陈立努力打造良好的科研学术平台，密切组织国际交流合作，在合成中心汇集了一批国际一流青年人才，推动合成产业升级。

众多优秀的青年科学家先后加入合成中心，共同组建合成创新院，如马迎飞、傅雄飞、黄术强、戴俊彪、戴磊等。

傅雄飞，香港大学博士，在美国耶鲁大学分子细胞发育生物学系从事博士后研究。主要研究方向是针对合成生物系统相关的回路设计、动力学模拟及稳定性分析等关键问题，通过数理模型和定量实验相结合的手段开展研究。

　　黄术强，曾在美国杜克大学从事近 5 年博士后研究工作，专注于微流控工程技术与合成生物学两个前沿学科的交叉融合研究。正是看好合成中心拥有包含微生物、基因组学、蛋白质组学、生物材料、生物信息学等多学科科研平台的优势，毅然决定回国发展。

　　戴磊，获得美国麻省理工学院博士学位后，在美国加州大学洛杉矶分校从事博士后研究工作。2019 年 12 月，戴磊作为"先锋者"代表跻身《麻省理工科技评论》"全球 35 岁以下科技创新 35 人"（MIT Technology Review 35 Innovators Under 35）中国榜单。这也是该年度榜单中来自中科院研究院所的唯一入选者。如今，他在合成创新院带领团队，利用合成生物学、生物信息学、高通量实验等技术手段，研究肠道微生物组的生态和进化规律，通过改造微生物组的组成和功能进行疾病的治疗。

　　成立合成创新院后，在中国科学技术大学工作 8 年的金帆研究员、获得美国斯克里普斯研究院博士学位的罗小舟、获得美国俄亥俄州立大学博

图 4-6　2018 年 11 月 11 日，中国生物工程学会合成生物学专业委员会（筹）举行揭牌仪式

图 4-7　2017 年 11 月 25 日，深圳合成生物学协会第一次会议在深圳先进院举行（深圳先进院是会长单位）

士学位的赵乔、获得美国康奈尔大学博士学位的钟超等优秀合成生物学青年科学家又陆续加盟，壮大了这支生力军。

　　正是以这样一支国际化的、学科交叉的科研人员为班底，合成创新院在基础研究方面取得了不俗的成绩。

3. 基础研究新成果不断产出

　　一个受精卵分裂出的 40 万亿细胞是如何有序形成各个组织器官，并最终发育为完整人体的？同一片森林里的千百种生物是如何抢占生存空间，进而构成复杂而稳定的生态系统的？尽管进化论指出了生命的演化规

图 4-8　刘陈立课题组以定量公式揭示合成生物构成原理

律和发展方向，但多细胞生物的"按需制造"原理尚未知晓，也难以用"物竞天择"解释同一环境下的物种多样性。

如今，这一生命发展的本质规律用一个公式就能"算"出来——合成创新院刘陈立研究员团队与加州大学圣地亚哥分校华泰立院士团队合作，于 2019 年 11 月 7 日在《自然》杂志发表了题为《空间扩展生境定植的进化稳定性策略》的研究论文。该文章是深圳先进院首篇以第一作者和最后通讯作者发表的单位文章。

他们用 5 年时间完成大量合成生物学系统工作，反复研究空间迁徙与进化模式，最终总结出能揭示生物迁徙进化策略的定量规律，为合成生物学、生态学等学科发展以及现代产业发展提供了全新的理论指导和启示。

除此之外，刘陈立早在 2016 年就发表了题为《合成生物学探索细菌

图 4-9　戴俊彪课题组开展染色体合成研究

细胞周期控制的基本规律》的论文，这标志着合成创新院在合成生物学领域进行的原创性研究成果获得国际同行的认可，也是发表在国际一流学术刊物《美国国家科学院院刊》上的首篇第一作者单位是深圳先进院的学术论文。

合成生物学的终极目标是建构一个人工生命体，控制细胞尺寸的机理是设计建构的基本要素之一。刘陈立团队利用合成生物学手段，认为细菌细胞是通过控制 DNA 复制起始时间点来协调其个体大小和细胞内的 DNA 复制，推导出一个简单的数学公式，从而揭示了细胞长与宽的控制原理。刘陈立说："这让我们有可能设计出特定大小的细菌细胞，在逐步建构人工生命体的道路上解决一个关键性问题。"

刘陈立曾对采访他的媒体记者说过这样一段话："我非常有兴趣去探

索合成生物学领域的奥秘，寻找生物世界中的数学公式，向设计一个崭新的生命体的目标前进，进行原创性的研究一直是我的梦想。我们找到的每一个运行规律，都是可用于指导设计、改造、重建生命形式的'图纸'。"他表示，团队接下来将继续开展更多定量研究，为实现理性设计、生物合成、构建新的生命形式等远大目标找到更多"公式"和"图纸"。

戴俊彪团队与 Sc2.0 合作团队在《科学》杂志上以封面和专刊的形式发表了五篇染色体合成相关文章，入选 2017 中国科学十大进展、中国高等学校十大科技进展和中国科技进展十大新闻。团队合成了迄今为止最长的真核线性染色体——酿酒酵母第 XII 号染色体；基于已有的合成酵母菌株，成功构建了合成酵母的"进化加速器"和合成酵母的"代谢工程适配器"，解决了将合成酵母菌应用于代谢工程生产的多个关键技术难点。2018 年年底，戴俊彪荣获"谈家桢生命科学创新奖"。

图 4-10　傅雄飞课题组探索复杂生物系统中的定量构建理论

图 4-11 戴磊课题组探究肠道微生物组的生态和进化规律

合成创新院其他人才团队也在基础研究上做出了很大的突破，傅雄飞团队、金帆团队、周豪魁团队都有研究成果发布在《自然·通讯》《美国化学学会出版物》《基因组生物学》等期刊上。

合成创新院在深耕基础研究的同时，也瞄准了产业化应用。在深圳市政府的领导下，先后承建了"合成生物研究重大科技基础设施"（以下简称"合成生物大设施"）与"光明工程生物产业创新中心"（以下简称"创新中心"）。

4. 重大科技基础设施开建

合成生物大设施作为深圳市光明区科学城优先启动和布局的重点建设项目之一，由深圳市政府投资，深圳先进院牵头建设，华大生命科学研究院、深圳市第二人民医院参与建设。合成创新院和合成生物大设施"二位一体、同步建设"。合成创新院集合其现有优势，负责合成生物大设施的具体实施。这个项目设备总投资近十亿元，是合成生物学领域全球首个启动筹建的大型基础设施。未来，合成生物大设施将发展成为具有国际水准和引领作用的生命科学研发平台，有机融合 BT（多点共享协议）与 IT（信息技术）、科技与产业、科研与教育。

合成生物大设施旨在建设一个针对人工生命体智能化设计及自动化铸造的基础大平台。基于生物计算模型、复杂通路模拟、模块化元件等手段提升合成生物理性设计能力；将先进自动化工程技术与核酸合成、基因组编辑和连续定向进化等生物技术相结合，实现人工生命体的高通量低成本合成；运用标准化实验测试手段获得可用于深度学习的标准化、多维度、多模态的生物大数据，进而缩短"设计—合成—测试—学习"的周期，大幅提升合成生物设计与构建能力。

刘陈立介绍，合成生物大设施将打造一个用户的"云端实验室"和运营者的"智能实验室"二位一体的合成生物研究平台，不仅对学术界开放，也对产业界开放。合成创新院通过设置专职管理及技术服务团队，提供国际一流的技术保障和资源条件，面向全球合成生物相关的科研团队和企业，以引进团队、设立杰出客座 PI 研究组、柔性聘用、设置开放类项目等形式，对合成生物学领域的多个方向进行深度合作与研究。

根据规划，合成生物大设施重点建设设计学习、合成测试、用户检测

图 4-12　合成生物大设施建筑俯瞰效果图

三大平台。设计学习平台利用生物信息、数理模型、生物合成大数据及人工智能等手段，针对特定科学需求，提供实验方案，并生成合成测试平台的可执行指令。软件工具及数据库以自主研发为主。

合成测试平台主要由大片段 DNA（华大生命科学研究院协助建设）、噬菌体、细菌、酵母等系统组成，将通过搭建自动化模块，作为"功能岛"执行特定功能，并根据需求实现各类"生产线"的柔性化集成；关键技术装备研制遵循红蓝军路线，兼顾自主创新与吸收国外先进技术。

用户检测平台整合蛋白质与代谢产物分析、底盘细胞放大培养、高级成像三大检测系统，对合成产物进行多模态、跨尺度的全方位测试。

为了给合成生物大设施建设提供重要的技术保障和团队保障，同时进行重大关键技术的攻关，2019 年 10 月，围绕实现特定功能的高通量模块化仪器开发、实现模块化生产线间的高度自动化物料递送目标、架构高通量操作的一体化软件三个方向的关键技术与设备研发项目正式启动。项目规划用三年时间，掌握核心技术，完成可自主集成、高度自动化的小型示范线，并应用到合成生物大设施的规模化建设中。

合成生物大设施装置的整体建设准备工作也按计划如期推进，已在 2019 年 11 月 7 日获得了深圳市发展和改革委员会对可行性研究报告的批复，于 2020 年上半年完成工程的初步设计与概算工作，在 2020 年下半年开始进行第一批设备的招标采购，正式进入建设期的第一阶段。

傅雄飞博士透露，合成生物大设施的建设过程也充分发挥协同建设的优势。不同单位根据技术需求紧密配合，开展科研攻关，取得了很好的效果。而且，合成生物大设施在科学管理机制建设、国际合作方面都取得了实质进展，已经建立了由国内外合成生物学领域著名专家组成的科学顾问委员会，将对合成生物大设施的重大科学和技术方案提供评审和咨询意

图 4-13　合成生物大设施建筑施工场景

见；建立了以粤港澳大湾区及国内用户代表组成的用户顾问委员会，在设施的设计、建设和发展过程中充分听取用户意见；2019 年 5 月 9 日，深圳先进院与美国劳伦斯伯克利国家实验室、英国帝国理工学院等来自全球 8 个国家的 16 所顶尖合成生物设施机构联合发起，在日本神户正式成立国际合成生物设施联盟（Global Biofoundry Alliance），将以在全球推动合成生物设施建设为目标，共享基础设施、开放标准、最佳案例，互通数据资源，共同应对可持续发展等全球性科学挑战。

依托合成生物大设施，细化适用于自动化、高通量设备平台的标准化实验方法、算法和流程，推动合成生物研究过程和工程流程的标准化，揭示人工生物系统的设计与合成原理。光明科学城布局建设的合成生物大设施是创新链条的上游环节，聚焦于科研与原始创新，直接产出科学的原创发现，从而解决"从 0 到 1"的问题。然而，要以合成生物学技术解决实际问题，就需要把合成生物学研究从机理上的原创发现转化为小规模试验，再扩展到成熟的大规模生产。这种一路推进到产品上市的全链条产业化仅依靠合成生物大设施是远远不够的。

5. 合成生物技术应对人类面临的挑战

合成创新院在"科研—转化—产业"的道路上不断开拓新的可能性。从基础研究走向产业转化，合成创新院进行了大胆的创新和尝试，不仅在农业领域做出积极探索，而且在水产养殖、生物医药、生物化工等领域也开始了各种卓有成效的产业化尝试，突破了部分产业壁垒。

以合成生物大设施为基础，与中粮集团解决国家粮食安全问题。合成创新院根据优势互补原则，先于 2018 年 11 月与中粮营养健康研究院有限公司签署《战略合作协议》，又于 2019 年 3 月与中粮生物科技（北京）有限公司成立"合成生物大设施产业应用联合实验室"。合作各方利用先进生物技术和化工工程手段，围绕粮油食品、生物能源、生物材料、营养健康等领域在前沿技术研究、新产品开发、技术平台建立、人才培养等层面开展广泛深入的合作，旨在提升粮油食品行业科技水平，落实国家区域协调发展战略。目前已开展合成生物大设施自动化关键技术开发及其产业

图 4-14　创新中心效果图

应用探索，具体包括噬菌体在中粮产业中的应用、高通量化学检测方法的开发及应用、合成菌群研究等。

目前，真菌毒素污染已成为我国食品安全和饲料安全的重要隐患。项目负责人司同博士透露，生物脱毒是降解真菌毒素的主流方法，但是，由于大部分天然酶降解效率低、稳定性差，该方法仍处在实验室研究阶段。依托合成生物大设施，针对真菌毒素降解酶在应用场景中面临的现实挑战，应用自动化技术，大规模构建并快速筛选出活性、稳定性均满足实际应用的人工降解酶。目前，已实现自动化筛选技术的突破，单个样品的测试成本从 200 元降低到 1 元以下，实验速度提高了 3 倍以上；正在加速批量研发针对不同真菌毒素的人工降解酶。利用真菌毒素高通量检测方法，加快降解酶开发及产业化应用，对减少经济损失、保障国家粮食安全和国民健康安全具有重要意义。

澳华农牧集团作为一家专注于高端饲料研发、生产与销售的国际型高科技集团企业，双方优势互补，于 2015 年建立了"高效环保水产养殖联合实验室"。实验室在第一期的 3 年时间内建立了华南地区最大的抗菌肽库和噬菌体库，已经获得了超过 500 种针对不同病原菌的噬菌体和近千株益生菌，并且在实验室阶段验证了抗菌肽和噬菌体能够替代抗生素，大幅减少致病性弧菌给对虾养殖造成的伤害。实验室从 2019 年开展第二期的研究，团队将用 3 年时间将该成果从实验室阶段推向市场，扩大该技术在水产养殖行业的广泛应用，降低抗生素对海洋环境的污染。

项目负责人马迎飞博士介绍，弧菌是引起对虾早期死亡的重要致病菌，给水产养殖业造成了巨大的经济损失。作为一种具有广泛推广和应用前景的方法，应用噬菌体疗法越来越受到人们的关注。为此，马迎飞研究团队以分离得到的多株致病性弧菌为宿主，又从环境中分离得到多株噬菌体，通过优化组合噬菌体并应用于后期弧菌感染的治疗，取得良好效果。

"噬菌体不是化学药品，不会对环境造成二次污染，由于它的靶向性非常高，不会影响环境中的其他菌群，所以是安全环保绿色的抗菌方法。"马迎飞介绍说，"传统的方法需要建立大量的噬菌体资源库，而且野生型的噬菌体有潜在的毒性，反应速度慢。为了克服传统噬菌体的弊端，我们团队正在用合成生物学方法重新设计、合成新型的噬菌体，借助正在建设的合成生物大设施，有望实现噬菌体高通量、大规模、自动化和标准化的生产，最终实现在养殖业甚至临床上推广噬菌体代替抗生素，治疗耐药菌感染的目标。"

合成创新院利用 mRNA 技术，助力新型冠状病毒疫苗研发。2020 年年初，新型冠状病毒肺炎疫情在全球蔓延，疫苗的研制迫在眉睫。深圳先进院多个科研团队开始技术攻关，第一时间肩负起科研"国家队"的使命担当。1 月底，合成创新院胡勇实验室联合所内多个团队，根据 SARS-CoV-2 新型冠状病毒的基因序列，科研和产业化工作双管齐下，在两周时间内快速设计并合成了针对新型冠状病毒关键靶点的 mRNA 疫苗。2020 年 2 月 11 日，第一批疫苗已实现符合 GMP 标准的样品制备及分装。

胡勇博士介绍，mRNA 疫苗技术具备快速灵活的特点，能有效应对新型病毒（例如新型冠状病毒）的威胁。传统的灭活疫苗和减毒疫苗存在研发周期长、生产工艺复杂等问题，而 mRNA 技术则有望将新型冠状病毒疫苗的研发周期缩短至传统疫苗研发周期的三分之一。其工作原理可以理解为携带细胞制造抗原蛋白指令的 mRNA 进入人体后，细胞内的蛋白质制造工厂根据指令，将抗原蛋白制造出来，从而激活免疫系统，引起特异性的免疫反应。

利用 mRNA 这一前沿技术，科研团队在两周时间内已完成多种针对新型冠状病毒的 mRNA 疫苗抗原序列设计、载体构建、小试合成、中试合成、制剂开发等工作，并在小鼠、大鼠、食蟹猴和恒河猴体内诱导出 SARS-CoV-2 特异性中和抗体。

值得一提的是，团队克服了 mRNA 规模生产和制剂开发的难题。mRNA 疫苗已完成了符合 GMP 标准的样品制备，即达到了"优良制造标准"，这为后续的疫苗研发奠定了坚实的基础。胡勇介绍道："药物申报需要有确定的剂型，才能进行药效评估、安全性评价，进而进入临床试验。符合优良制造标准（GMP）的样品疫苗的成功制备，一方面，能够保证疫苗在后续的测试中剂型的一致性；另一方面，为快速规模化生产打下基础。"

借助国外产业化成功经验，加速国内合成生物学产业化进程。像酿酒一样酿出大麻素，这是合成创新院又一项重要的国际合作成果。美国工程院院士杰·基斯林早在 2016 年就开始与合成中心的科研合作，基斯林院士和罗小舟博士决定利用微生物发酵的方法大规模制备多种大麻素及其衍生物。该科研团队在国际顶尖学术期刊《自然》杂志发文，罗小舟博士表示，实现新的科学突破只是第一步，"合成大麻素只是一项科学探究，未来在中国将会根据市场需求，用合成生物的手段，更高效率的发展应用，生产中药药用植物中的天然产物"。

2019 年 1 月，基斯林院士在合成创新院的实验室正式升级为合成生物化学研究中心。2020 年春天，"合成生物学微生物制造"联合实验室在深圳成立，使基斯林院士能与中国知名企业携手，共同推进合成生物学技术在中国的产业化进程，真正实现研以致用。罗小舟说："我们希望依托基斯林成功产业化的国际经验，以国内的市场需求和地区战略为导向，做更多有价值的尝试。"

刘陈立指出，当前人类在享受现代文明所创造的辉煌物质文明的同时，也面临着现代文明带来的种种威胁：在医疗领域，如抗生素的滥用所导致的超级细菌横行，各种新型病毒带来的流行性疾病，还有肥胖症、糖尿病、癌症等各种慢性疾病；在工农业生产领域，人类面临着化石燃料的枯竭，以及温室气体的过度排放、土壤贫瘠、耕地面积减少、农产品品质下降、环境污染、土壤重金属污染等问题。积极发展合成生物学技术，从基础研究走向产业转化，将为以上问题的最终解决带来希望。

合成生物产业的飞速发展既需要基础研究的原创发现，也需要应用研究的工艺开发和产品转化。因此，合成创新院提出在深圳市建设光明工程生物产业创新中心，以此担当创新链条的中间环节，桥联基础研究和产业应用。

6. 合成生物孵化器应运而生

实验室里解决了"从0到1"的问题，但一项科研成果要从实验室走向真正的产业化，还要经过漫长的孵化，包括跨越小试、中试、批量生产的周期，尤其是较新的合成生物产业，更需要专业的孵化器为创业者提供技术支撑和各种帮助。

2020年3月31日，深圳市光明区人民政府与深圳先进院就共建"光明工程生物产业创新中心"签署协议。

创新中心将探索打造基础研究与产业化应用在空间上有机融合的一体化平台，创新性打破"从0到1再到10"的产业孵化时间壁垒，建立"科研—转化—产业"的全链条企业培育模式，健全深圳合成生物学领域的创新生态链，为深圳综合性国家科学中心"加速跑"提供助力。

刘陈立心目中的创新中心是为成果产业化转化缩短时空长度的一种绝佳设计："光明工程生物产业创新中心的建设是完善创新链条，补足转化短板的重要举措，尝试打通从原始创新到推动产业发展的创新路径。因为合成生物学是融合 IT 技术和 BT 技术的工程化生物应用学科，从技术到产品转化有比较长的路要走，需要各种资源的聚合。创新中心以产业应用研究部和企业孵化管理公司为建设核心——应用研究部依托合成生物大设施和合成创新院输出科研成果，专注'从 0 到 1'的原始创新；依托深圳IT 产业链的完备优势，孵化器管理公司对接创新源头的同时，面向社会吸引优质且具备核心竞争力的初创企业入驻，聚焦'从 1 到 10'的企业孵化，培育有竞争力的企业梯队，这就解决了转化慢、周期长的难题，很好地解决科学研究'沿途下蛋'的问题。"

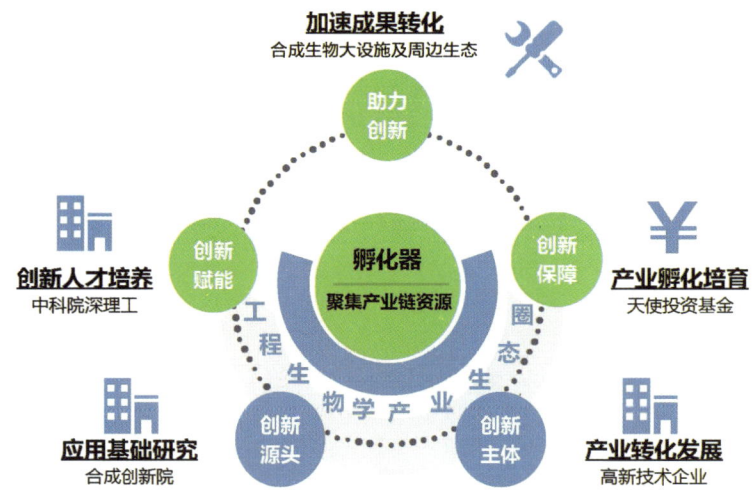

图 4–15　合成创新院＋合成生物大设施＋创新中心关系示意图

值得关注的是，将来创新中心楼上几层是研究院，楼下就是企业，这些企业可以迅速获取科研信息和平台支撑，同时研究院的科研成果也能快速应用在产业当中。更为关键的是，距创新中心仅 2 公里就是合成生物大设施，与以往动辄跨省跨区域使用科研设备来说，这 2 公里距离创造的不仅仅是科研氛围，更是时间、人力成本的节约。楼上科研人员在进行 0 到 1 的基础研究；而 1 到 10 的科技成果，企业在楼下就能快速孵化。科研人员与企业产业人员"零距离"接触。科研设备可共用，即使你不会用，也会有人手把手教你，这也是优势互补的一个过程。创新中心就是一个前沿科技"沿途下蛋"的典型。

按照刘陈立最初的构想，创新中心未来会聚焦合成生物学相关产业孵化，重点布局生物医药、生物材料等产业，形成产业集群，打造龙头企业，加速推进 IT 与 BT 融合发展，实现生物医药产业的弯道超车。未来三年，创新中心将吸引不少于 30 家合成生物学领域的高新企业入驻。

刘陈立对回国后选择来深圳做科研很满意，他对国家的科技政策和深圳的科研环境青睐有加："习近平总书记早在 2013 年 7 月视察中国科学院时就指出：'人造生命不仅对人类认识生命本质具有重要意义，而且在医药、能源、材料、农业、环境等方面展现出巨大潜力和应用前景。'深圳市委、市政府也高度重视在合成生物领域超前布局，尤其是 2019 年深圳进入'双区驱动'特殊时期，合成生物研究重大科技基础设施的建设也明显提速。"为响应国家号召，"以深圳为主阵地建设综合性国家科学中心，在粤港澳大湾区国际科技创新中心建设中发挥关键作用"，深圳在建设中国特色社会主义先行示范区的过程中，同时布局深港科技创新合作区、光明科学城、西丽湖国际科教城，将合成生物学纳入重大规划中。

合成生物产业蕴含巨大技术潜力和社会效能，有望推进中国经济转型和升级发展。如今，实验室经济正在成为知识经济时代的重要发展模式，合成生物正是适合实验室经济模式的一个新兴产业方向。合成创新院不仅要在学术上有更强的引领优势，还要积极抢占国际合成生物产业新一轮竞争的先机，充分发挥科研机构源头创新能力和产业化后劲力量，为深圳经济繁荣、国家科技发展做出重大贡献。

第五章

夯实先进电子材料工业基础：电子材料研究院

深圳先行示范丛书

SHENZHEN
XIANXING
SHIFAN
CONGSHU

　　深圳宝安区凤凰山脚下的龙王庙门前，有一个老旧的产业园，11 栋旧厂房整齐排列着，其中一栋蓝白相间的新楼格外显眼。2020 年春节前夕，这里还在紧锣密鼓地装修，而园区的大门口，半年前悬挂上一个崭新的匾额，上面写着"深圳先进电子材料国际创新研究院（筹）"的牌匾，这座略显陈旧的产业园迎来了新的生机，也将承担起新的使命。

　　"依托深圳先进院材料研究所建立的深圳先进电子材料国际创新研究院（以下简称'电子材料研究院'）于 2019 年 6 月注册，虽然目前还处于筹建阶段，刚装修完一栋实验大楼，但我们已经陆续采购了搭接电阻测试仪、电压击穿试验仪等检测设备，能够开展附近企业的委托分析测试服务。"电子材料研究院院长孙蓉博士微笑着说，"我们坚持边建设、边招聘、边科研、边产出阶段性成果的原则，快马加鞭地建设电子材料研究院，希望能早日为深圳电子信息产业高质量发展提供重要支撑，为深圳市建设粤港澳大湾区国际科技与产业创新中心贡献一份力量。"

1. 高端电子材料是我国制造产业的短板

有十多年高端电子材料研发经验的孙蓉博士描述道："所有的集成电路芯片在完成前道工艺之后都要将其封装起来，布满成千上万个元器件的集成电路好比电子产品的大脑，而封装材料则起到了支撑和保护'大脑'的作用。近年来，摩尔定律面临挑战，集成电路产业对芯片轻薄化、小型化、多功能、低功耗的需求有增无减，因此需要电子封装技术不断创新突破，支撑整个芯片封装制造过程。这时，先进电子封装对材料提出了更高的挑战与要求。"

近年来，我国已经成为全球最大的电子信息产品制造基地。然而，高端电子封装材料仍是目前我国电子信息产业链的最薄弱环节之一，因为这类材料纯度要求高、技术门槛高，大多国内厂家生产以中、低端材料为主，无法满足高端芯片制造的需求，高端封装材料基本依赖日本、欧美，核心技术受制于人，高端电子材料国产化率仍然偏低，其中的某些关键原材料还得完全依赖进口。

国外对高密度封装技术的研究与产业开发已经持续二十多年，包括美国佐治亚理工电子封装研究中心、比利时 IMEC、新加坡微电子研究所等，而我国在相应领域处于"跟随"阶段，尤其是高端（IC 级）封装材料，大多停留在基础研究阶段和实验室阶段，而且研究方向比较零散、成果转化力较弱。相反，日本的材料企业就始终坚持"材料是产业发展的基础"，垄断大部分与高密度封装相关的高端材料和关键原材料，被喻为产业界的"隐形冠军"，这也是日本集成电路行业和电子产品始终保持较强国际竞争力的原因。

我们从一些新闻报道中，也可以看到高端电子材料对一个国家的电子信息产业发挥的重要作用。2019 年 7 月 1 日，日本经济产业省宣布，将对出口韩国的半导体材料加强审查与管控，并将韩国排除在贸易"白色清单"之外。此次限制向韩国出口三种关键电子材料：氟聚酰亚胺、光刻胶及高纯度氟化氢。它们是智能手机、芯片的制造流程中不可或缺的重要原材料。 日本氟聚酰亚胺和光刻胶占全球总产量的 90%，全球半导体企业 70% 的氟化氢需从日本进口。韩国三星电子、LG、SK 等厂商所需的大多数氟聚酰亚胺和高纯度氟化氢都是从日本进口。韩国贸易协会统计显示，2018 年，韩国半导体出口额高达 1267 亿美元，占出口总额的 21%。日本限制三种半导体材料出口，对于韩国半导体产业造成的冲击不言而喻。业内专家认为，如果韩国不能及时寻找到替代进口国，将直接对韩国半导体产业产生重大影响，带来的经济损失可能高达数百亿美元。

既然高端电子材料对于国民经济发展有如此重要的作用，为何我国高端电子材料的研发生产一直处于中低端水平呢？这背后的主要原因在于国内集成电路产业起步晚、产业链不完善、缺乏测试验证平台、科研人员和集成电路企业缺乏交流、学科深度交叉未形成，而且专业人才缺口极大。

电子材料研究院科研与产业部部长胡晓伟介绍："除了上述的这些原因外，还有两个重要原因，一是国内高端电子材料的研发精细化管理很欠缺，没有这方面的经验积累；二是需要国内的终端用户给予材料研发企业试错的机会，但过去很长一段时间国内的终端用户企业由于我国整体产业链相对落后、'试错'成本偏高等原因，终端用户很难给国内材料企业和科研机构提供测试验证的机会，毕竟购买成熟的材料产品有相对稳定的综合保障。"

然而，近两年随着全球贸易环境的骤然变化，供应链多元化成为必然发展趋势，材料研发机构迎来新的发展机遇，国内一些大型电子信息企业纷纷开始采购国内的元器件和材料产品。电子材料研究院副院长张国平博士欣喜地说："国家对集成电路产业的支持力度加大，国内很多大企业也愿意为国产材料提供试错机会，专业领域内的科研人员都感到非常振奋，可以说国产高端电子材料的春天来了！"

2. 这是一位历练十余年的行业"老兵"

广东是我国电子信息产业龙头地区，如今在深圳布局电子封装材料的完整创新链条，可完善深圳高端电子封装材料产业链，进一步带动粤港澳大湾区乃至全国集成电路产业的发展。

图 5-1　2019 年 4 月 27 日，粤港澳大湾区先进电子材料技术创新联盟举行揭牌仪式

2018年年底，深圳市政府在中国工程院原副院长、国家新材料战略咨询委员会专家组组长干勇院士的倡导下，批准筹建电子材料研究院。鲜有人知的是，承担筹建任务的是一位磨练了十多年的行业"老兵"——深圳先进院先进材料研究中心。

这支科研团队从零起步，从企业的需求出发，不断地钻研高端电子材料的新领域，勇攀先进电子封装材料高峰。2006年，孙蓉博士刚进深圳先进院时根本不知道研究方向在哪里。"没有人，没有场地，没有科研经费，也没有科研方向，当时只知道材料重要，选择哪个方向去做呢？还是企业的需求带给了我们明确的思路。"孙蓉回忆道。电子信息产业是深圳以及广东省的龙头产业，所以材料中心要落地就得服务地方的支柱产业。当时，国内没有专门从事电子封装材料的国家研究机构，所以确定了以封装材料作为材料研究中心的核心研发方向。"那个时候，深南电路公司提出PCB内埋式薄膜电容用量很大，但完全依赖进口，价格很高。他们问我们是否可以国产化？经过调查研究，我们决定研发PCB内埋式电容材料，经过近十年的时间，团队掌握了从配方、设备到量产的成套技术，并且拥有自己的创新工艺。现在，PCB内埋式电容成套技术已经授权国内一家上市公司使用，正在逐步取代进口。"

图 5-2 孙蓉研究员

　　国家在集成电路材料研发领域投入了大量的经费，深圳市对先进封装材料的支持力度也相当大。孙蓉说："深圳产业链非常完善，对先进封装材料需求也很旺盛，深圳市科技主管单位对新材料产业的支持真是给力，扶持很到位。"她讲了一件事，那是 2009 年 1 月，深南电路申报"高密度集成电路封装基板的研发与产业化"项目，获得科技部"02 专项"扶持，作为共同申报单位的材料研究中心分到科技部给予的 560 万元扶持经费，深圳市按照 1:1 配套政策，给予材料研究中心 560 万元经费。"这个配套扶持是非常重要的，对我们材料研究中心起步和深入研发产生了很大的动力。2011 年，我们又获批深圳市电子封装材料工程实验室，我们的研发环境越来越成熟，技术也越来越领先。"孙蓉自豪地说，"埋入式电容可广泛应用于硅麦克风、穿戴式设备以及军工领域，我们已完成向广东生益科技股份有限公司的专利授权。"

　　随着集成电路技术的快速发展，电子封装技术的重要性愈加突出，是"后摩尔时代"的重要基础。2010 年，国内封装骨干企业华天科技提出晶圆级封装材料的需求，从那时候起，材料研究中心主任孙蓉就带领团队开始瞄准 3DTSV 聚合物绝缘材料的开发。5 年后，开发的第一款产品完成了产线可靠性验证。这一材料用于图像传感器封装工艺，涉及手机和汽车电子摄像头以及 MEMS 加工等领域，目前材料技术领先国外同类产品。

　　2010 年秋天，国内一家开发指纹识别模块的上市公司提出晶圆减薄用聚合物材料的需求。当时，国外公司类似产品 1 升售价上千美元，堪比黄金，但国外公司不能积极配合中国企业做新产品配套开发。孙蓉团队抓住这个机会，迅速立项开发。目前，该产品已经完成性能验证，将进入批量生产，对国内指纹识别芯片加工行业起到良好的推动作用。

　　"产业需求就是我们的研发方向，我们要积极满足产业的需求，力争为民族产业提供最先进的封装材料。"孙蓉的语气透出紧迫感。她领导的团队正积极布局我国集成电路产业发展急需的高性能封装基板材料、晶圆级封装关键材料、系统级封装用的高性能热界面材料等，而且这些材料的研究与应用水平基本处于国内领先地位。

图 5-3　电子材料研究院签约落户宝安区

3. 电子材料研究院顺应天时地利，落户宝安区

深圳要建立电子材料研究院，最好落户哪里呢？宝安区电子信息产业高度发达，区委和区政府的领导们也正在积极思考如何提升电子信息产业的技术含金量。

宝安区是经济大区、工业大区和出口大区，产业基础较为雄厚，外向型经济特征明显，经过多年的发展形成了以电子信息产业为龙头、装备制造业和传统优势产业为支撑的产业结构。电子信息产业发挥出引领作用。2019 年上半年，宝安区高新技术产业实现产值 2160.94 亿元，同比增长 4.2%，对工业支撑和经济的带动作用明显。同时，以高新技术企业为基础，全区"新三板"挂牌企业 157 家、储备拟上市企业 653 家。全区 2000 多家国家高新技术企业和创新百强企业中，电子信息类企业占据半壁江山，华讯方舟、欣旺达、德普特电子、立讯精密等 14 家纳税大户都属于计算机、通信和其他电子设备制造型企业。

尽管电子信息产业对宝安区的经济发展发挥了引领作用，但产业链的上游却存在短板。以手机产业为例，手机产业的发展已成为宝安区电子信息产业链中的重要一环，整个手机产业产值规模达到 1200 亿元，产业的带动作用凸显。然而，手机芯片作为手机的大脑是手机产业链的核心部分，却成为宝安手机产业链的缺失环节。尤其如今进入了 5G 时代，以 5G 为代表的新兴电子技术发展的方向注重高频高速、多功能、高性能、小体积和高可靠性，先进封装材料必定是芯片制造的重要支撑，而这恰恰是宝安相关产业链中的短板。

电子材料研究院兼职副院长、宝安区科技创新局副局长张岱说："研究院的定位很清晰，不与企业争利，而是给企业提供有力的技术和人才支

撑，把企业的需求分解成不同的科学问题，帮助解决企业技术难题，尤其对'卡脖子'的技术攻关，是科研人员最擅长的，还要帮助企业解决先进电子材料的验证和中试生产相关问题，便于企业更快速地产业化。研究院计划建成电子级微纳米材料合成中试线、复合材料制备工艺中试线、晶圆级互联加工验证平台和电子材料综合分析测试平台。2020 年，在电子材料研究院宝安园区将完成 5 条中试线和测试验证平台建设。"

由此可见，电子材料研究院依托宝安区电子信息产业的优越地理位置和深圳先进院的学科交叉特色，可加快实现从基础原材料研发—实验室样品开发—芯片测试—可靠性反馈全链条的响应，大大缩短基础研究到产业应用的时间。该研究院将有力推动宝安基础研究水平的提升，并最大化地显示宝安电子信息产业的核心优势，为深圳乃至粤港澳大湾区的科技产业发展发挥最佳的产学研一体化的桥梁作用。

4. "80 后"的研发干将初试牛刀

电子材料研究院副院长张国平所带领的团队专注于晶圆级封装关键材料的研发与应用，他们的核心技术涉及超薄芯片加工用临时键合材料，这种功能性高分子材料可以支撑百微米及以下的超薄芯片加工。

张国平是一名"80 后"的研发人员，可他一谈及临时键合材料就显得异常专业和沉稳："如果没有临时键合材料的支撑，超薄芯片在加工过程中的破损率将会提高，导致单颗芯片的成本上升，最终难以实现规模化量产。国内芯片厂商使用的临时键合材料长期依赖进口，而这款材料是芯片生产企业所急需的。"

　　张国平已经记不得在实验室度过多少个不眠之夜，尤其是解决客户在实际应用中不断提出迭代升级的需求时，他带领团队一次又一次地响应升级，直至最终获得验证通过，让临时键合材料从实验室走向产业化应用。他们是目前国内唯一的在相关领域能提供整套解决方案的团队。

　　张国平回忆说："先进电子材料的研发过程需要客户参与进来，我们团队一直和客户保持密切互动，才有可能将技术快速地推向市场。我记得3年内给同一个客户送了90多次样品，而且每次都有性能上的改进，我非常感谢客户给我们提供了材料验证和试错的机会。我认为，只要客户让你去试用材料，你就不要停下改善的脚步，也不要被无数次的失败吓倒，相信总有柳暗花明的一天，那就会迎来'备胎转正'的机会。其实从事材料研发只有埋头苦干这一条路，没有捷径可走。"

　　无独有偶，电子材料研究院另一位骨干朱朋莉研究员，也是一名"80

图5-4　张国平博士在实验室做科研

图 5-5　张国平与团队

后"。她所带领的团队主攻方向是底部填充胶和环氧塑封料，也是电子封装中的关键材料，塑封料用于芯片外围，底部填充胶用于芯片内部，主要对芯片起到机械支撑、密封保护、焊球保护等作用。

在研发的过程中，朱朋莉也遇到了不断试错和迭代的弯路。以底部填充胶为例，芯片的验证费用不菲，很难找到线上验证的机会，由于主攻的是高端芯片用的底部填充胶，国内缺乏相应芯片的生产线，所以即使材料做出来也没法进行可靠性验证。朱朋莉对此感到很不踏实。为了突破这些困难，她和团队敢于啃"硬骨头"，瞄准底部填充胶的未来两代到三代需求参数，沉下心来对材料内部机理进行评估，探究纳米材料的引入对底部填充胶性能的影响及变化规律。朱朋莉针对底部填充胶十余种组分配方的正交实验，提取大量基础实验数据，然后进行归纳整理，总结规律，最终形成了研发团队的核心技术。该技术可大幅度缩短样品的开发周期，开发的样品可以满足高密度、窄间距芯片的下填充需求。

企业的需求在深圳先进院得到满足，这是对材料研发人员最大的肯定。2019 年，深圳一家电子信息企业寻找用于手机麦克风的 PCB 内部集成电容材料，很快聚焦于深圳先进院自主研发的平板式薄膜电容（或称埋入式电容）。深圳先进院多年来致力于该种材料的配方和量产工艺的开发，样品送交多家中下游公司，针对不同的模块和应用场合进行了反复验证。这家电子信息企业了解到详情之后，推动了技术转移。当年年底，该技术通过电子材料院将生产许可授予国内 PCB 板材最大的生产供应商进行量产，加快了国产化进程。

"除了应用在手机麦克风模块，该材料未来将在蓝牙耳机、5G 通信基站等更多领域得到应用。据我们了解，已经有多家公司在下订单，进行不同应用场景的终端验证。"埋入式电容研发负责人于淑会说，"虽然材料的开发过程很漫长，尤其在产业化探索的过程中，问题层出不穷，但随着对问题抽丝剥茧般地解决，我们离材料的研发成功便更近了一步。我们甚至对问题的出现会感到兴奋，因为解决问题的过程就像破案一样。在这个过程中，团队就像建立了一道护城河，掌握了材料研发是如何一步步走向成功的。"

这群年轻的先进电子材料研究人员的座右铭是"办法总比困难多"。在研发过程中，他们也曾面临无数次失败，但每次遇到挑战总会拿出更适合的解决方案。因为国内电子材料行业起步晚，要想实现技术自主就需要攻克许多难关，他们坚信深圳拥有良好开放的科研氛围、完备的科研平台，都为潜心研发材料提供了强大的支撑，所以他们坚持坐"冷板凳"，十年磨一剑，只为充分满足国内的产业需要。用张国平的话来说，"科研人员选择与国家的需求同频共振，我们的青春和生命才更有意义"。

5. 粤港澳大湾区科技合作的春天到了

2019 年 4 月 27 日，第一届粤港澳大湾区先进电子材料高峰论坛在宝安国际机场凯悦酒店隆重举行，来自全国各大高校的教授、院长及企业代表共同探讨了粤港澳大湾区高校在先进材料产业方面的推进工作。针对高校人才输送、高校产学研成果转化、高校帮扶企业发展，以及高校在粤港澳大湾区先进材料发展建设上发挥积极作用等话题，进行了深入交流。

论坛上，国家新材料战略咨询委员会专家组组长干勇院士向与会代表发表了题为"建立粤港澳大湾区电子信息材料技术创新体系，支撑制造业

图 5-6　2019 年 8 月 9 日，第一届海峡两岸暨港澳先进电子封装关键技术论坛举行

强国建设"的主题演讲。他介绍，中央明确提出"推动产业结构迈向中高端，制造业是我们的优势产业"，必须坚持创新驱动、智能转型、强化基础、绿色发展，从制造大国加快转向制造强国。同时，向大家详细分析了新一代人工智能、大数据等领域的国内现状，着重剖析了先进材料、第三代半导体材料的国内外现状以及市场应用。他表示，我国先进电子材料发展的挑战和机遇要在深圳实现"突围"。深圳是全国最大的电子信息产业基地，地域优势凸显。深圳要依托深圳先进院和深圳先进电子材料国际创新研究院，建立粤港澳大湾区电子信息材料技术创新体系，运用好深圳市的实体产业优势，完善粤港澳大湾区优势互补、协同发展的战略布局。

粤港澳大湾区的建设提速，助力先进电子封装材料研发得到快速发展。值得关注的是，"高密度电子封装材料与器件"联合实验室在 2018 年中国科学院与香港地区 22 个联合实验室评估中，获评"优秀"。作为联合实验室中国科学院方面负责人，深圳先进院先进材料研究中心主任孙蓉研究员说："先进电子封装材料技术门槛高、应用性强，中国在此方面较为薄弱，需要更多研究力量来一起攻坚克难。深圳与香港比邻，有非常好的智力与产业优势，我们只是做了一些深港科研机构联手合作研发的有益探索，在目前阶段看来效果令大家满意。"

"高密度电子封装材料与器件"联合实验室成立于 2011 年 3 月 29 日，是由深圳先进院先进材料研究中心孙蓉团队和香港中文大学院士团队共同组建，于 2012 年被认定为"中科院—香港地区联合实验室"，实验室以先进电子封装材料及成套工艺为核心，聚焦电子封装材料的电学、热学、力学等关键科学问题，具体包括高密度倒装芯片关键材料、高性能热界面材料、3D-IC 互联集成关键材料、埋入式功能材料、高密度高频基板基础材料、气密性封装材料与工艺。

"我们立足基础研究，不遗余力地致力于产业化，我们两个团队之间密切互动、实现互补，每个小组的成员每周都要给联合实验室主任和主管研究员提交工作周报，每个季度要召开季度学术研讨会。"孙蓉介绍，"通过和院士团队的多年紧密合作，深圳先进院和香港中文大学联合研发团队在先进电子封装材料领域已经形成了良好的学术与产业影响力。"

据了解，联合实验室现有实验室场地 2100 平方米，电子封装材料相关研究设备 3000 万元；已共同发表 300 余篇论文，其中 SCI 收录近 200 篇；共申请了 200 余件专利，获得授权专利 90 余件；申请近 20 个 PCT 专利，获得授权 3 件；已孵化深圳市化讯半导体材料有限公司、深圳中科思莫特材料有限公司两家高端电子材料公司。在电子级纳米球形二氧化硅材料、倒装芯片底部填充胶材料等方面制定企业标准 12 份；完成晶圆减薄临时键合胶材料、应用于透明导电薄膜的银纳米线材料，从材料制备一

图 5-7　粤港澳大湾区先进电子材料技术创新联盟会员参加 2019 年度总结大会

工艺设备—器件集成形成全链条解决方案，并已完成成果转化。

同时，孙蓉介绍，深港科研单位展开的合作有利于高端人才的培养，比如，深圳先进院的博士研究生有名额限制，而香港中文大学没有这方面限制，他们招收了一些博士研究生，由双方老师联合培养。如今双方联合培养并获得了香港中文大学博士学位的万艳君就已经留在深圳先进院里正式工作了。目前，联合实验室已累计培养了80多位硕士、博士研究生。

8年来，联合实验室取得的一系列研究与产业化成果，包括人才培养等都为粤港澳大湾区的建设进行了有益探索。尤其是先进电子材料这种高技术领域的研发，更需要大湾区的学术与产业界共同努力，一同推进先进电子封装材料的研发与产业应用，进一步提升我国高端电子材料国产化自主能力。

6. 高配置人才和设备，发起电子材料攻坚战

兼顾低温固化及低介电等综合性能的聚酰亚胺是未来先进封装技术发展的重要需求。电子材料研究院的项目组从催化剂角度考察了PI低温固化的可行性，并通过原位聚合引入了一种仅具有单点活性低介电常数的纳米复合材料，有望应用于未来5G芯片封装和毫米波天线等领域。相关研究成果首次在2019年第20届国际电子封装技术会议上以专题报告的形式公布。

像这样高质量的科研成果，一项接一项地走出电子材料研究院的实验室，走上产业化之路。

为何刚成立一年的研究院就能不断输出高质量的科研成果？这是因为

该团队经过多年发展已经形成了扎实的工作作风。

电子材料研究院基于 14 年的工作基础，聚焦高端电子封装材料，各项工作稳步开展，也拥有了一定的学术与产业影响力。记者问孙蓉："材料人需要什么天赋？""专注，"孙蓉毫不犹豫地说，"我们深知产业化道路很漫长，所以在平时工作中始终保持勤奋扎实的工作作风，材料研究中心成立后，就形成了科研人员尤其是研究生每周在实验室的时间不少于 60 小时的习惯和氛围，这还不完全包括写论文、阅读文献的时间。"

正是在这样的风气下，电子材料研究院取得了一系列喜人的成绩：截至 2019 年年底，承担国家、省、地方科研项目 40 余项，累计获批科研项目 160 余项，总经费 6.7 亿余元。近 5 年，共发表学术论文 369 篇，其中 SCI 收录 239 篇。申请发明专利 400 余件，授权专利 170 余件；国际专利 39 件，授权 3 件；企业标准 19 件，参与制定国家级行业标准 1 件。获广东省、北京市、深圳市科技进步奖各 1 次，深圳市科技开发奖 1 次，多次

图 5-8　电子材料研究院龙王庙园区效果图

在 IEEE 国际会议获优秀论文奖，多项成果已完成产业化转移。

工欲善其事，必先利其器。材料研究中心如今已发展成为电子材料研究院，研发设施上更是瞄准国际一流。电子材料研究院加大力度建设技术平台，为电子材料的科研和产业化提供系统支撑，建设国际领先的电子材料产学研协作平台，为高端电子封装材料的国产化保驾护航。在功能架构上，打造理化实验平台、分析检测平台、加工验证平台和材料中试平台四个模块，贯穿材料研发、中试和应用验证的关键环节。为关键电子材料研

图 5-9　2019 年高交会上，与会嘉宾参观深圳先进院的展台

发提供强有力的技术支撑，为先进封装产品中试提供可靠的质量保证，为集成电路技术创新提供特色化的产业服务。

为保障科学研究及中试试验的进行，为了减少新型冠状病毒肺炎疫情的影响，技术平台设备采购工作早规划、早调研、多方协同、及时跟进，目前已有三分之二完成招标流程并签订合同，优先支持了宝安园区5栋中试线的建设。

技术平台分析检测中心根据电子封装材料的研发、中试和应用需求，结合仪器设备和实验室规划，划分了显微表征、成分分析、性能测试、封装组装、环境可靠性和制样加工六个检测服务内容。为了解企业需求，提供优质的分析测试服务，与深圳市宝安区上市企业协会开展了两场交流对接会，单独咨询宝安区10余家骨干企业的意见，尤其关注中小企业技术攻关过程中的测试需求。

孙蓉认为，先进封装材料国产化有很大的发展空间，但中国材料企业面临一个问题，就是获得终端用户的认可和接受。因为材料不是一两天可以做好的，都是十年、数十年才可能开发出一款稳定的材料，材料企业可以做成百年老店。"所以，中国材料企业还有很长的路要走，我们只要一步一步迎头赶上，总有一天会站在世界的前列。现在我们有的企业对新材料有某些需求，但外国品牌由于地域等原因不能及时配合与满足，市场就在中国本土，我们的机会就在这里，我们努力去配合和研究，争取在一些细分领域抢到先机，有所突破。比如，超薄芯片加工的临时键合材料、系统级封装用的高性能热界面材料等，这些材料的研究与应用水平都处于国际前沿的地位。电子材料研究院以实现高端电子封装材料国产化为目标，通过3年的努力奋斗，将建设成电子封装材料的国家级创新平台。未来5年产业化方面，要有多款以我们研究成果为基础的IC级高端电子封装材料产品在终端产品上真正实现大规模应用。在基础研究方面，先进电子封装材料学术研究成果要在国内领先，并努力争取在国际名列前茅，为我国集成电路产业夯实高端封装材料的基础。"孙蓉语气里不无乐观和自信。

第六章

粤港澳大湾区的
"量子梦之队"：
深圳量子研究院

深圳先行示范丛书

SHENZHEN

XIANXING

SHIFAN

CONGSHU

近年来，量子反常霍尔效应、量子计算机、量子通信卫星等关键词频繁进入公众视野，让人们认识了"量子"这个词，它是现代物理最基础，也是最重要的概念之一，用于描述最小的、不可分割的物理量，一直是物理学研究的前沿方向。

当前，信息技术的发展进入了第二次量子革命时代，包括量子通信、量子计算、量子传感等科学规律和技术。相对于经典通信与传统计算方式，量子通信具有更安全的特点，量子计算在特定领域也具有远超传统计算方式的潜能，并有望在人工智能、密码破译、材料设计、基因分析等方向带来颠覆性的技术变革，量子传感性能的提高也给精密测量与传感技术带来巨大影响。量子信息技术将引领新一代信息技术革命，引发一大批技术产业的革命性创新发展。

在此背景下，深圳量子科学与工程研究院（以下简称"深圳量子研究院"）应运而生，在祖国南疆种下未来量子科技之树。深圳量子研究院是深圳科技创新行动计划首批启动建设的十大基础研究机构之一，由深圳市科创委专项支持、依托南方科技大学建设，于2018年1月挂牌建立，院长为中国科学院院士俞大鹏。

深圳量子研究院立足于国家量子科技优先发展战略国策，努力建成具有重要国际影响力的量子科技研究机构。通过大力发展量子科技基础研究、培育量子科技产业链，构筑量子信息产业发展的深圳优势，确立深圳市在未来信息科技革命中的领先地位。

1. 第二次量子科技革命

　　量子论是 20 世纪最伟大的科学理论之一，与相对论合称现代物理学的两大基石。量子力学的诞生为人类打开了微观物理世界的大门，并引发了第一次量子科技革命，耳熟能详的技术包括激光、三极管、半导体元器件、核磁共振成像等都是第一次量子革命的产物。同时，量子科技革命的成果也催生了原子能技术、航天技术、电子计算机技术、全球卫星定位系统等一系列改变世界面貌的重大发明。足见量子技术甫一诞生便对人类文明产生巨大的推动作用，这些技术均已成为国民经济的支柱产业。

　　但是，这些诞生于 20 世纪中期的量子技术都还局限在利用微观粒子的集体特性上，更多的是被动利用量子现象而非人为地主动精细操控。随后几十年的科技发展，人类逐渐打开了操纵量子世界的大门。从 20 世纪 90 年代起，我们逐步获得了对微观粒子的操控能力，可以直接观测并通过电热力磁等物理工具精确操纵光子、电子、原子等微观系统，甚至获得了操控和测量单个粒子的量子态的能力，这一划时代技术突破的重要性正如诺贝尔奖评选委员会对 2012 年诺奖获得者塞尔日·阿罗仕（Serge Haroche）和大卫·维因兰德（David J.Wineland）的颁奖致辞里提到的——"突破性的实验方法和测量操纵单个量子系统"。同一时期，一大批的科学家在量子科技的诸多方面取得理论和实践突破，研发出大量新型实用性量子技术，包括量子计算、量子传感、量子模拟、量子密码、量子成像等。这一系列基于对微观世界的主动精确操控，使新兴量子技术引爆了"第二次量子技术革命"，促进了量子技术在高性能计算、高精度测量、通信安全等方面的突破，将对国防、经济、金融等领域产生重大而深远的影响，有可能带来颠覆性技术，为第四次工业革命提供强大动能。

"第二次量子科技革命"的关键领域涉及量子通信、量子精密测量、量子计算、量子材料等。它们都运用了量子力学的一些基本原理，如量子纠缠、量子态叠加效应等。量子纠缠可以在量子通信中起到关键作用，能从原理上保证信息传输的安全性，成为量子保密通信技术的核心。另外一个量子态叠加效应也很有趣，源于很有名的杨氏双缝实验（Young's Double Slit Experiment）。实验证明一个粒子在量子世界不同的路径、相互叠加，就像孙悟空的分身术，如果有量子态的孙悟空，那他还真是可以又在花果山水帘洞吃桃子又在天宫打打杀杀。正是量子的这种并行性，使量子计算机在处理问题时具有传统计算机无法企及的速度优势。其在破解密钥、数据搜索、解方程组等重大问题上具有远超传统计算机的能力，成为当前世界科技领域的前沿。

量子保密通信、量子精密测量、量子计算、量子材料等技术在未来国民经济的发展中将发挥举足轻重的作用。量子保密通信是首个从实验室走向实际应用的量子通信技术分支。通过在经典通信中加入量子密钥分发和信息加密传输，可以提升网络信息安全，它的商业化应用和市场开拓仍需进一步探索。量子保密通信的应用场景（比如政务、金融专网、电力等关键基础设施网络等）、市场容量和产业规模相对有限，目前主要依靠国家和地方政府的支持和投入。

量子精密测量是基于微观粒子系统及其量子态的精密测量，在测量精度、灵敏度、稳定性等方面比传统测量技术有明显优势，包括时间基准、惯性测量、重力测量、磁场测量、目标识别等方向，广泛应用于基础科研、空间探测、生物医疗、惯性制导、地质勘测、灾害预防等领域。量子精密测量领域的市场收入将稳步增长。根据波士顿咨询公司（BCG Research）的统计分析，全球量子测量市场收入由 2018 年的 1.46 亿美元增长到 2019 年的 1.61 亿美元，并预测未来 5 年年复合增长率将在 13% 左右[1]。欧美国家，特别是北美地区量子测量产业收入最高，预计将继续主导收入份额。北美地区是量子精密测量先进技术的领导者和推动者，亚太地区特别是中国，有望为量子精密测量产业提供巨大的市场。随着国内对车联网、物联网、远程医疗等新兴技术研究的持续升温，超高精度、低成本的传感器、生物探针、导航器件等关键产品的需求量会呈指数增长，为量子测量产业提供广阔的市场空间。

量子计算机与传统计算机分别运用不同的计算模式，在处理计算问题时有无法企及的效率优势。尽管量子计算机目前仍处在产业发展的初期阶段，但气象、金融、石油化工、材料科学、生物医疗、航空航天、汽车交通、图像识别、咨询等行业已注意到其巨大的发展潜力。据波士顿咨询公司预测，量子计算机将有可能很快具备传统计算机无法解决的相关问题的能力，随着时间的推移，预计未来每年将带来超过 4500 亿美元的营业收入，并对社会生产和经济发展产生革命性的影响。比如，对仅有数百个集散地的物流网络而言，要穷尽所有可能性，传统计算机需要数十亿年时间，而量子计算机可以利用巨大的量子态空间和并行处理能力，高速地得到问题的最优解。这将有助于物流运输、航空旅行、交通管制、金融资产管理等领域中的运营效率最大化。同时，量子计算将在减少碳排放、提升重大灾难预测、金融市场稳定、国防安全等领域拥有巨大的应用前景。

---

[1] 张萌：《量子测量技术发展与关键问题剖析》，来源于中国信息通信研究院技术与标准研究所。

未来信息材料聚焦各类新型量子材料，因其奇异的物理特性以及广阔的应用前景，受到世界各国的广泛关注。正如美国能源部印发的《用于能源相关技术的量子材料的基础研究需求研讨会》报告指出的，量子材料的研发对于超敏感探测器、计算和信息存储中的超低功耗器件、未来的量子计算组件等都具有重要意义。而量子材料的超导性质的研究对于磁悬浮列车、大功率输电线路、大功率互联等都具有重要社会意义和经济价值。拓扑量子材料的研发有助于实现新一代的拓扑量子计算机，能从根本上带来整个社会的经济和科技革命。基于量子材料的新型器件的研发，对于未来信息的超快速处理、超高密度磁存储、操纵新量子技术的相干和纠缠等都具有重要应用价值。

2. 世界各国加快量子科技的战略布局

正是由于量子技术具有各种重要的应用价值和潜在效益，被西方发达国家纳入大力支持的战略发展方向，作为下一代科技革命的核心技术进行攻关。欧美等国纷纷启动国家级量子战略行动计划，大幅增加研发投入，同时开展顶层规划及研究应用布局，力争抢占新兴量子技术制高点。

美国从 20 世纪 90 年代即开始将量子信息技术作为国家发展重点，在量子相关学科建设、人才梯队培养、产品研发及产业化方面进行大量布局，联邦政府和机构对量子计算领域科研的支持每年在 2 亿美元以上。随着量子信息产业前景逐渐明朗，美国政府频繁参与量子计算布局，在 2018 年确立"国家量子计划法案"（NQI），金额达 13 亿美元，并同时设立多个量子创新实验室（QILabs）全力推动量子科学的发展。欧盟在 2018 年启动了"量子技术旗舰计划"，总经费高达 10 亿欧元，主要包括量子通信、量子计算、量子模拟、量子计量和传感、基础科学 5 个领域。同时，英国、德国、荷兰等国也出台针对量子计算、量子通信等方面的支持计划。澳大利亚积极布局量子技术研发，新南威尔士大学和悉尼科技大学均成立了高水平的量子信息研究中心，并且在量子计算、量子软件和算法领域取得了重要成果。加拿大政府投资 2.1 亿美元资助滑铁卢大学，使其迅速成长为一个世界级的量子信息研究机构。以色列政府投资 8000 万美元开展量子研究，培养下一代量子计算专家。

在亚洲，日本和韩国也把量子信息技术作为未来的战略制高点。日本于 2001 年起开始量子科技的布局，将该技术作为着力布局的领域之一。2013 年，日本成立量子信息和通信研究促进会以及量子科学技术研究开发机构，将在未来 10 年投入 400 亿日元支持量子技术研发。2017 年 2 月，日本量子科技委员会发表了名为《关于量子科学技术的最新推动方向》的中期报告，为未来日本在量子科学技术领域的发展明确了方向。韩国重点发展量子通信领域，于 2014 年发布《量子信息通信中长期推进战略》，当时的目标在 2020 年成为全球量子通信技术领先国家，在量子通信领域的技术积累使韩国在其他量子领域，如量子计算领域已具备部分发展基础。

与此同时，国际产业界也在不断发力，比如，谷歌、IBM、英特尔、微软等巨头企业更是积极推动量子计算产业发展，以谷歌在 2019 年对量子霸权[①] 研究的实现为重要标志。2019 年 10 月，谷歌在《自然》发表了重要科技进展论文，其研发的 53 个超导量子比特芯片专用的量子计算机能够完成深达二十层的线路操控。在 3 分 20 秒时间内完成传统计算机需 1 万年时间处理的问题，在全球首次实现"量子霸权"。IBM 公司在量子信

---

① 这里的"量子霸权"专指量子计算机计算速度远超传统计算机。

息的理论和实验研究领域都投入了重金，并在超导量子计算领域取得了属于世界领先水平的研究成果。2016 年，IBM 即开发了 5 位量子比特的量子计算机供研究者使用。2019 年 1 月，IBM 在 国际消费电子（CES）展览会上推出了全球首款商用量子计算机。而且多家企业也投资研发量子技术，如惠普、东芝、洛克希德·马丁、空客、澳洲联邦银行等。国际上也成立了众多量子计算公司。

我国近年来在量子技术方面不断加大支持力度，先后启动"自然科学基金"、"863"计划和重大专项，支持量子技术的研发和产业化落地。在 2018 年 5 月两院院士座谈会上，习近平强调"以人工智能、量子信息、移动通信、物联网、区块链为代表的新一代信息技术加速突破应用"，进一步肯定了量子信息的战略地位。我国政府对量子信息技术发展高度重视，国家"十三五"规划纲要中明确将"量子通信和量子计算"列入面向 2030 年布局的一批科技创新重大项目，作为优先发展的战略国策。地方政府也在积极布局量子科技的基础研究及产业应用，比如，上海市、安徽省、山东省、北京市等都出台了支持量子技术发展的相关政策和措施。

在国家和地方政府的大力支持下，我国科学家在量子通信、量子精密测量和传感、量子计算以及量子材料等领域取得了一系列令人瞩目的成就，部分已经接近或达到国际先进水平。

令人尤为自豪的是，中国科技大学的潘建伟院士领导的量子通信研究团队经过多年努力，将我国量子通信技术的研究和产业化都提升到了世界领先的地位。

相对于量子通信，量子计算的技术成熟度略低，离实用化尚有一定距离，但作为量子信息的核心技术，量子计算研究在国外已有多年积累，得到政府和工业界的强力资助，不但在研究成果和技术水平上处于领先地位，也储备了大量的相关人才。我国除了研发水平落后这一因素外，在量子计算方面人才的缺乏也是长期制约我国赶超国际先进水平的重要因素之一。

近年来，随着国家对基础研究投入的持续加大，一批高水平的研究小组涌现出来，若干大规模的研究中心也开始运行或在建，本土人才培养和人才引进双管齐下，逐步改善我国相关人才缺乏的不利局面。

除了国内学术界的积极努力外，阿里巴巴、百度等知名高科技公司已参与到量子计算机研发领域，利用量子计算机开发更安全的电子商务和支持电子商务的数据中心，以及提供量子云计算服务等。在政府、研究机构、企业三方的共同努力下，我国将在量子计算领域达到国际一流水平。

3. 高水平建设深圳量子研究院

深圳既是中国重要的出海通道，又是我国重要的高科技产业、金融和经济中心，粤港澳大湾区的核心城市之一，具有举足轻重的地位。发展量子信息科技保障深圳的网络信息安全，对于国家战略安全具有重大意义。量子信息技术是未来信息产业的发展方向，具有巨大的应用前景和社会经济价值，对深圳市现有产业结构的提升起到重大先导作用，是实现深圳高科技产业乃至整个社会经济可持续发展的重要保障。因此，有必要大力推动深圳市的量子信息技术研发和产业化。

为了响应国家"创新驱动"的基本政策，补齐基础研究方面的短板，深圳围绕国家"量子科技"优先发展的战略定位，于2017年年初启动科技创新"十大行动计划"时，便将量子技术作为科技创新的核心方向之

图6-1 2018年1月19日，深圳量子研究院正式挂牌

一。创新计划伊始，深圳市便将深圳量子研究院纳入首批建设的"十大基础研究机构"之一，在深圳市委、市政府的积极推动下，深圳量子研究院于2018年1月挂牌，标志着深圳迈入量子科技发展的新征程。

深圳量子研究院的定位是探索量子信息领域的前沿基础科学问题，在信息与网络安全、高性能计算技术与精密测量、新兴量子材料等领域，以及相关核心关键技术方面，满足国家和深圳市在技术与产业化等方面的重大需求，致力于解决量子信息领域一大批关键科学与工程问题，培养一批具有国际影响力的科学大师，建成具有重要国际影响力的基础研究机构，为第四次工业革命提供强大的计算能力，利用量子科技引领传统产业转型升级，推动量子科技成果转化与产业化，带动相关产业链发展。

深圳量子研究院依托南方科技大学进行建设和管理，由南方科技大学负责牵头规划、组织、落实研究院的实施。研究院采用管理委员会领导下

图 6-2　深圳量子研究院 2019 年秋季战略研讨会与会人员合影

的院长负责制，管理委员会主任为陈十一院士、学术委员会主任为潘建伟院士。

　　深圳量子研究院院长为俞大鹏院士。研究院院长的主要职责是制定研究院的战略发展规划、制定研究方向和研究目标、研究分机构负责人任命和相关研究人员的招聘，全权负责研究院的日常运营等管理工作。俞大鹏院长长期从事纳米线材料中关键基础科学问题的研究，为我国此项科学研究进入国际先进行列做出了重大贡献，解决了规模、可控制备半导体量子线材料的难题，深入揭示了半导体量子线结构特有的新颖物理现象，系统发掘了半导体量子线的若干重大应用特性，发现了若干重要的纳米线器件效应，发明了一系列纳米加工与精确操控技术。近十年来，他把研究的重点调整到量子材料的可控制备方向，特别在量子输运、量子调控研究方面取得长足的研究进展。他领导的研究团队不仅把石墨烯单晶的生长速度提高了两个量级，最近又在米量级石墨烯大单晶快速生长方面取得重大突破；在拓扑纳米线的量子输运研究方面也取得新进展。他积极支持我国科学仪器的发展，组织了《电子束曝光机研制》和《基于超导量子芯片的专用量子计算机研发》广东省重点领域研发计划两个重大项目。

图 0-3　深圳量子研究院院徽

在采访中，俞大鹏院长详细讲解了研究院的院徽："展翅的金雕代表了深圳市（鹏城）在量子科学领域志存高远、势在必得的决心；'白猫／黑猫'量子猫态代表了务实进取、勇于创新的深圳精神与传统；Ψ 为薛定谔方程的波函数，0 和 1 为量子态，代表量子科学的研究。深圳量子研究院将国家和地方的战略使命以国家和国际的最高研究水平为领域最高要求和奋斗目标。"

深圳量子研究院组建了国内顶尖的学术委员会，第一届学术委员会主任由中科院量子信息与量子科技创新研究院院长、中科大常务副校长潘建伟院士担任。

研究院参照国外一流量子信息研究中心的建设方法、管理体制和运行机制，结合我国主要量子科学机构的创办经验，建立了深圳量子研究院的运营机制，包括合同管理制、聘任制与合同制、投入机制、开放与流动、创新团队建设、绩效考核与评估、竞争与激励、合作与联合、资源和信息共享、产学研合作等，保障了研究院的高水平运行。经过两年多时间的努力，俞大鹏院长带领初创团队已完成了深圳量子研究院的筹建工作，经深圳市政府批准，正式进入建设阶段。

研究院围绕新兴（未来）信息材料与器件（Emerging Quantum

Materials/Devices）、新兴量子信息技术（量子计算、量子精密测量与量子计量、量子网络）、量子信息领域若干核心关键技术和"卡脖子"工程设备研发三个主要方向开展研究。目前，实验室科研团队中，80% 以上人员具有国外工作、学习经历。通过全球公开招聘，全职科研人员超过 100 人，同时建立了 600 平方米具有国际一流水平的量子器件与量子芯片加工中心等量子科技创新平台和工程应用平台，在深港科技创新特别合作区富裕大厦建设了 4 万多平方米的福田国际量子研究院。深圳量子研究院已初步建立了一支超过 200 人的研究队伍，成为我国量子科技研究领域的生力军，成为粤港澳大湾区的量子科技创新基地，在我国量子科技研究中发挥不可或缺的中坚力量。

我们有充分的理由相信，经过深圳量子研究院的不懈努力，通过与国内、国外量子科技领域同行的广泛交流、深度合作、资源共享与差异化发展，研究院一定能够成为一流的国际化量子科学研究机构、量子技术与工程的创新高地，在祖国的南端成长为未来量子科技的参天大树。

4. 靠创新产出一流成果

量子科技是战略性的高科技产业，是国家实力和意志的具体体现，它的快速发展离不开国家的大力支持。此外，量子科技也离不开人才，特别是国际学术大师和顶尖量子工程师。因此，深圳量子研究院最重要的使命之一是为国家和大湾区凝聚和培养世界级学术大师、学科引路人和国之大器量级的量子工程师人才。

发展是第一要务，人才是第一资源，创新是第一动力。深圳量子研究院充分发挥广东省、深圳市的政策优势，以及南科大的体制优势，通过建立国际化研究平台，积极引进量子科学与工程研究领域的专业研究人才，建设高水平研究团队。研究院组建了国内顶尖的学术委员会，委员由国内量子信息、量子材料、微电子、大数据、人工智能、网络安全等领域的著名学者担任，包括中国科学院院士、中国工程院院士 30 名，为研究院高水平人才的引进和评估把关。

这是一支由国际一流人才组成的科研团队，学术带头人个个身怀绝技——卢海舟，获得清华大学博士学位，专注发展电子输运理论，利用量子场论方法研究拓扑半金属等拓扑物质在磁场中的电子输运性质，包括局域化、负磁阻、量子振荡等，并有广泛实验合作。已经在《自然》《自然物理学》《物理评论快报》等国际一流期刊发表 80 多篇论文。

冯军，曾获中科院青年科学家奖、国家杰出青年基金、中科院自然科学一等奖、国家自然科学二等奖、2017 年世界研发 R&D100 大奖、劳伦斯国家实验室 2003 和 2011 杰出研究绩效奖励，主要研究领域为光电子学、超快测量、先进材料、同步辐射、自由电子激光等。

范靖云，获美国马里兰大学博士学位，前美国国家标准局物理学家和中国科学技术大学上海研究院访问教授，在量子信息和基础物理进行了开创性研究，成果发表于《自然》《科学》《物理评论快报》等国际一流科学杂志。现任深圳量子科学与工程研究院研究员。

陈廷勇，长期从事自旋电子学、量子材料和量子输运方面的研究，在多个领域做出重大原创贡献。在亚利桑那州立大学工作时，曾独立和协同主持科研项目多项，如测定了一种铁基超导体的能隙结构；实现了单层磁性膜自旋磁矩反转；实现了颗粒膜自旋矩；首次把安德列耶夫反射谱理论和实验实现完备化。

张立源，2007 年获佐治亚理工学院博士学位，2014 年起在南方科技大学主要从事低温和强磁场的量子输运实验研究。近期主要关注新型拓扑量子材料与人工低维微结构器件的电学、光电特性的研究。张立源教授首次观测到三维量子霍尔效应研究成果，发表在《自然》期刊，该成果入选"2019 年度中国科学十大进展"。

孔良，主要从事量子拓扑物态、共形场论、范畴学和表示论的研究。曾任清华大学丘成桐数学中心的长聘副教授。已在物理和数学两个不同领域的国际顶尖期刊——《物理评论快报》《高能物理学》《通讯》《数学物理进展》，独立或合作发表论文 29 篇，曾为多个期刊担任审稿人。

贺煜，2015 年在中国科学技术大学获得博士学位，后来在澳大利亚新南威尔士大学读博士后。研究方向为半导体量子计算和量子网络，代表性成果包括单光子源方面的开创性工作：量子计算方面实现世界最高光子数波色抽样、量子网络方面实现单光子向单电子自旋的量子传态等。

翁文康，获美国伊利诺伊大学物理学博士学位，毕业后在哈佛大学进行有关量子信息和物理、化学学科的博士后研究工作。2016 年 1 月，任职南方科技大学物理系副教授。他的学术工作主要集中于量子算法的设计和量子模拟的研究，取得了一系列重要的成果。

这些国际顶尖人才聚集到深圳量子研究院的平台上，瞄准量子科学与工程这一充满期待与挑战的前沿科学领域，聚焦量子物态、量子计算、量子精密测量、量子工程应用等研究方向，引领广东省在若干重大基础领域（如量子物理、单晶量子材料规模制备）产出一批国际一流的原创成果，特别是在三维量子霍尔效应、大尺寸单晶量子材料规模制备研究方向开始领跑国际，在高水平刊物上发表一批揭示新发现、新原理、新方法、新规律的原创性研究成果。

第一个重磅成果是在三维量子霍尔效应领域，一方面，研究团队在 ZrTe5 体系中观测到三维量子霍尔效应的电荷密度波机制（《自然》2019 年 5 月 23 日），该效应的实验验证花了 30 年得以实现；该成果负责人张立源副教授是 2016 年度广东省"珠江人才计划"里"基于输运的固态量子计算与量子芯片"项目核心成员之一。该成果入选"2019 年度中国十大科技进展"。另一方面，团队成员基于 2017 年的原创工作，并参与麻省理工学院帕布鲁教授团队"时间反演对称条件下非线性霍尔效应的观测"研究工作（《自然》2019 年 1 月 17 日）；理论联合实验研究团队在 Cd3As2 体系中观测到基于外尔轨道的三维量子霍尔效应（《自然》2019 年 1 月 17 日）。该成果负责人卢海舟教授也是 2016 年度广东省"基于输运的固态量子计算与量子芯片"项目核心成员之一，2019 年获得国家杰出青年科学基金。

第二个重磅成就是研发出大规模高速生长大尺寸单晶二维量子材料。俞大鹏院长领军的创新团队利用外延生长方法，不仅快速生长出米量级尺寸（世界之最）的石墨烯大单晶（《科学通讯》2017 年 8 月），还进一步把石墨烯单晶生长速率的世界纪录提高了 2000 多倍（《自然化学》2019 年 8 月）；目前，大尺寸单晶石墨烯与大尺寸少层石墨烯工程化研发项目分别落地于深圳市福田深港科技创新合作区和光明区，为产业化奠定坚实基础。在此基础上，研究制备出了 100 平方厘米的单晶六方硼氮，为该量子材料的国际最大尺寸纪录。

第三个重大发明是俞大鹏院长带领团队创新提出了自旋波－超导量子比特耦合器件系统，完成理论和实验设计验证。已获批国内发明专利，并申请"多超导量子比特中任意两个比特耦合的方法及其系统"国际 PCT 专利。

两年多时间，深圳量子研究院瞄准量子科技前沿领域，坚持创新跨越，一流成果迭出。2019 年，研究院成为广东省量子科学与工程重点实验室，量子科学与工程国家重点实验室目前正在紧锣密鼓筹建中。

5. 努力建成具有国际影响力的量子科技研究机构

2019 年 10 月 10 日，福田国际量子研究院宣布正式入驻福田区新一代信息技术产业园。福出国际量子研究院依托深圳量子研究院，聚焦国际量子科技前沿的基础研究，联合粤港澳大湾区量子科技力量，打造国际一流量子科技研究平台，并利用深圳在信息技术方面的完整产业优势，培育新一代量子信息技术产业链。

2020 年 1 月上旬，第 23 届量子信息处理国际会议在深圳召开，俞大鹏和潘建伟担任大会主席和联合会议主席。大会聚集了海内外知名高校、科研院所和企业界的 700 多位专家，吸引了众多主流媒体和产业界资本。围绕量子计算、量子信息、量子密码等前沿科技议题，共话后摩尔时代量子优势的发展趋势，展示了最新的研究成果和工程进展，探索了量子信息处理的关键技术。像这样的国际学术会议，深圳量子研究院自成立以来已经成功举办了 10 多场，不仅能促进学术界与产业界交流，还会凝聚各方力量共同推动我国量子技术的发展，显著提升了广东省、深圳市在量子信息科技领域的国际影响力。

量子研究院党支部书记刘松表示，广阔的市场前景必然会推动技术研究和产业市场的发展，但基于自主知识产权的先进技术支撑至关重要，量子科技尤其如此，它是国家实力和意志的具体体现，在核心技术上的突破

图6-4　2020年1月6日，俞大鹏院长在第23届量子信息处理国际会议上致辞

更是具有战略意义。习近平总书记在参加全国政协十二届一次会议科协、科技界委员联组讨论时指出："在引进高新技术上不能抱任何幻想，核心技术尤其是国防科技技术是花钱买不来的。……只有把核心技术掌握在自己手中，才能真正掌握竞争和发展的主动权，才能从根本上保障国家经济安全、国防安全和其他安全。"2018年10月，习近平总书记在广东考察时指出，中华民族奋斗的基点是自力更生，攀登世界科技高峰的必由之路是自主创新。

2020年度春季工作动员大会上，俞大鹏院长语重心长地说："纵览国际社会，经济发达地区也是原创基础研究、创新研究人才汇聚的高地，从大西洋英吉利海峡两岸到旧金山湾区经济带、纽约湾区经济带和东京湾经济带，这些湾区经济带具有两个显著的基本特征，首先都是经济最发达的地区，例如，纽约、旧金山湾区经济带经济总量占整个美国经济总量的一半以上；其次是国际一流的大学、研究机构高度集中，创新公司云集、创新后备人才源源不断，为上述区域和国家的经济提供着强大的驱动力。原始科学创新、源头技术发明是我国可持续发展、民族长期强盛的重要保障，是实现中华民族伟大复兴梦想的基石。深圳不仅是粤港澳大湾区的核心城市之一，而且国家将深圳定位为中国特色社会主义先行示范区，说明深圳具有举足轻重的战略地位。做科学研究需要激情、时间、精力的投入，需要发扬拼搏精神，在当今世界竞争格局中，科研人员要敢于担当，做出重量级的原始创新成果。"

在俞大鹏院长的心目中，深圳量子研究院肩负着重大的历史使命，在历史机遇面前，每一位科研人员既要有一颗感恩的心，还要敢于担当重任，发扬拼搏精神。因为，全球量子科学与工程领域正处于一系列重大突破的前夜，西方国家对我国在量子科学领域进行技术限制、封锁、设备禁运，我们必须自主开展量子计算、量子精密测量、量子网络等新兴量子信息技术研发及应用，建立先进科学仪器与关键设备研发平台，坚持做原始创新，保障我国在量子科学领域的可持续发展。依据量子信息国家优先发展战略国策，布局中国版的"科技振兴计划"，在未来功能材料研究方面做出一批"从 0 到 1"的原创性重大科学成果，引领未来重大科学发现、

图 6-5　2020 年，参加第 23 届量子信息处理国际会议的与会专家

颠覆性技术突破与产业发展，具有开拓创新精神、雄厚科技实力的深圳应当有此胆魄。

深圳量子科学与工程研究院将联合深圳市的部分优势企业、香港优势高校、广州高校及周边高校，以及中国电子科技集团等相关优势企业共建南方量子科技研究网络。该网络将以深圳为基地建设共享共用基础研究平台，以科研任务为纽带，形成网络化协同创新格局，保障国家重大科技任务的顺利开展。

研究院的发展目标是发挥先行示范区的人才政策优势，努力打造宽松科研环境、培养国之大器：为国家吸引凝聚一批量子科技青年才俊，鼓励年轻人甘于冷板凳、二十年磨一剑，培养一批科学/技术/工程世界人师，造就学科方向领路人和"国之大器"。依托高水平人才团队，承担国家量子科技领域重大研发任务，努力取得一批"0""1"的重大原始科学发现、突破性成果，满足国家和大湾区发展的战略需求和产业需求，占领颠覆性技术战略制高点。

深圳量子研究院起步于西丽湖畔，科研平台的主战场位于福田深港合作区内。深港合作区是《粤港澳大湾区发展规划纲要》中唯一以科技创新为主导的合作区域，也是唯一一个内地与香港双方跨境接壤互联互通的合作区，区位优势独特。未来，深圳量子研究院将以粤港澳大湾区量子科技联盟为基础和纽带，加快与香港和澳门地区高等院校、科研机构等共建优势学科和联合实验室，率先探索与香港接轨的科研管理制度，以及开放与流动、创新团队建设、合作与联合、资源和信息共享等运行机制，在各级政府的支持下，高水平建设粤港澳大湾区量子科学与工程联合实验室，提升大湾区量子科技研究的创新水平和协作水平，打造粤港澳大湾区量子科技研究的"梦之队"。

深圳南山西丽湖畔的国际科教城已吸引南方科技大学、清华大学深圳国际研究生院、哈尔滨工业大学（深圳）等高校集聚，超过 4 万名高等院校师生正在构成湾区企业发展的强劲"智核"。深圳量子研究院屹立其中，链接国际创新资源，探寻自己的"世界坐标"。俞大鹏院长信心满怀地憧憬着未来的量子科技时代，深圳量子研究院将成为国际量子物理和量子信息科学研究的重镇，通过大力发展量子科技基础研究、培育量子科技产业链，引领传统产业利用量子科技转型升级，构筑量子信息产业发展的湾区优势，确立广东、深圳在全球未来信息科技革命中的主导地位。

第七章

掌握产学研结合的金钥匙：大数据研究院

深圳先行示范丛书

SHENZHEN

XIANXING

SHIFAN

CONGSHU

　　深圳市大数据研究院院长罗智泉是加拿大皇家科学院院士，1984 年从北京大学数学系毕业后，通过美国数学学会以及美国工业与应用数学学会联合选拔（又称"陈省身项目"）获得赴美攻读博士资格，进入美国麻省理工学院电子工程与计算机科学系以及运筹学中心学习，并于 1989 年获得博士学位。1998 年成为加拿大麦克马斯特大学终身教授，后来受聘于

图 7-1　2016 年，深圳市大数据研究院举行揭牌仪式

美国明尼苏达大学电子与计算机工程系任讲座教授；同时担任国际电气与电子工程师协会和美国工业与应用数学学会会士。2012 年至 2014 年，任国际顶级杂志《IEEE 信号处理期刊》主编。但他在知天命之年，彻底放弃了国外安逸的教授生活，2014 年回国参加香港中文大学（深圳）的筹建工作，又于 2016 年创办深圳市大数据研究院（以下简称"大数据研究院"）。

回顾走过的路，罗智泉教授发自肺腑地说："我从北大本科毕业后在国外学习和工作了近 30 年。6 年前回到深圳，虽然举目无亲、生活艰苦，但是我在这里工作得非常充实，除了管理工作外，还一直奋斗在科研教学最前沿。从上大学到出国留学，我一直是祖国改革开放政策的获益者，回国后我的身份变成祖国科研事业的奋斗者、现代化教育事业的建设者。对于自己角色的转变，我由衷地自豪和骄傲。大数据研究院成立时间不长，取得了一定的成绩，这离不开政府和社会的大力支持。"

1. 产学研结合涌现奇思妙想

2018 年，大数据研究院的韩晓光教授就带领着自己的学生团队，一举斩获 2018 全球气象 AI 挑战赛冠军。深圳市气象局和香港天文台在阿里云天池平台上联合 IEEE 国际数据挖掘学术大会以"短时强降水智能临近预报"为主题，向全球精通人工智能的精英发起挑战赛。参赛团队来自北京大学、中国科学院、香港中文大学、加州大学洛杉矶分校、康奈尔大学、新加坡国立大学等国内外著名高校院所和高科技企业，最终韩晓光教授带领的学生团队一举夺魁。他们的项目也受到国内外大数据、人工智能领域

图 7-2　2018 年韩晓光带队斩获 2018 全球气象 AI 挑战赛冠军

的研究人员和学生的高度关注。

韩教授介绍说，粤港澳大湾区的城市经常受到暴雨和各种强对流天气的袭扰，对社会和人们的出行安全带来重大的影响。然而准确捕捉暴雨的行踪和发展非常困难，即使预测未来几个小时的天气变化也是不小的考验，它是数据科学领域多年来密切关注的研究课题。

韩晓光教授带领的学生团队，一开始只是几个对气象一知半解的本科生，半年的挑战赛让他们快速成为掌握主流深度学习能力，熟练进行数据处理，改进现有方法完成气象预测任务的能手。获得冠军之后，韩教授也充实了研究团队的力量，并且将"纸上谈兵"变成了实际运用。大数据研究院于 2019 年下半年开始与深圳市气象局合作，专门研究深圳突发性强降雨临近预报关键技术。

2019 年 4 月，在瑞士日内瓦举行的第四十七届国际发明展上，大数据研究院杨升浩教授与香港中文大学杨伟豪教授团队的参展项目"分批稀疏编码－构建智慧城市"荣获评审嘉许特别金奖。该技术是深圳市物联网智能系统与无线网络技术重点实验室的又一重要科研成果，并获得深圳市科创委科研经费支持。

杨升浩教授介绍，分批稀疏编码（BATS 码）是联合发明的一种先进的网络编码技术，可以解决长期以来多跳无线通信效率低下的问题。该技术可以应用于大规模智慧城市网络基础设施，使用基于 BATS 码的多跳无线网络解决方案，无须铺设新的光缆，就可以通过路灯之间的无线通信链路实现路灯的联网。运营成本较低，具有更强的安全性和更稳定的频宽等特点。香港于 2019 年起推行"多功能智慧灯柱"试验计划，现已在香港观塘、九龙湾等地率先安装 52 支灯柱。此灯柱系统集定位、Wi-Fi 及 5G 基站功能于一身，亦可放置智能装置，开展智慧城市、智能交通应用。

"智慧灯柱的计算和存储能力具有分布式计算、存储的能力。作为边缘计算平台，灯柱传感器所采集的数据能在灯柱处现场消化，产生有价值的计算结果。智慧灯柱亦能成为未来物联网的重要基础设施。基于智慧灯柱的技术，许多激动人心的应用都将成为可能，例如车联网、旅游咨询、环境检测、提供网络接入服务等。"杨升浩教授说，"比如说为无人驾驶提供辅助，就是我们当下继续深入研究的一个方向。"

除了降雨预测和智慧路灯，大数据研究院将大数据技术推广到一个崭新且有价值的应用方向——共享汽车司机和乘客公平匹配策略。大数据研究院李钰鹏教授带领的学生团队就做了这样一个有趣的课题研究，在拼车定价中创造性地考虑公平因素，研究在线公平派单问题。在一个轮次中，乘客在平台上发送一个关于上车地点（原点）和下车地点（目的地）的订单请求，团队的平台就会结合当前有空闲座位车辆的分布情况，通过过往司机和乘客的分布数据，为乘客匹配"最佳"的车辆，也为司机分派"最佳"乘客。他们的设计不会偏向某一部分乘客或司机，亦不会忽视任何一个乘客或司机的需求，实现了乘客之间和车辆之间的公平匹配。李钰鹏教授介绍道："用数据驱动的人工智能算法，提高拼车的效率，让乘客和司机体验更好，具体表现为司机获得更高的收入，乘客等待时间会更短，满意度也会更高；城市运营效率提升，减少拥堵。大学生们参与这个项目的研究，可以学以致用，锻炼思维能力。"目前，该项目获得盖亚青年学者科研基金资助，及滴滴和中国计算机学会共同支持。

这就是产学研结合催生出的一系列发明创造，给人们带来了对科技的更多向往。罗智泉教授深有感触地说："大数据研究院依托香港中文大学（深圳）建设，本科生、硕士和博士都有机会深度参与项目研究，一边学习一边科研实践，学生能力得到很大的锻炼，这样的学生在社会上有竞争力。我们大学里还有生命健康研究院，大数据

图 7-3　香港中文大学（深圳）校园内的智慧路灯

研究院常常与生命健康研究院进行跨学科交流，实实在在地促进了生命健康领域大数据技术的发展。"

大数据研究院和深圳高等金融研究院合作参与了香港中文大学（深圳）理工学院与经管学院共同开设的数据科学理学硕士项目，两个学院和研究院的优秀师资共同担任了项目授课教师。

此外，研究院与相关企业联合实验室培养了许多科研人才，院长罗智泉教授担任香港中文大学（深圳）－腾讯 AI Lab 机器智能联合实验室的主任，培养了 5 名博士生；常务副院长崔曙光教授担任香港中文大学（深圳）－京东集团人工智能联合实验室的主任，培养了 7 名博士生。

2. 从一支国际化团队"长"出来的研究院

2014 年 5 月，罗智泉教授被聘为香港中文大学（深圳）副校长，主管学术和科研。2015 年 3 月，他牵头申请了"大数据信息处理及应用创新"团队项目，获得 3000 万元的经费资助，组建了一支大数据分析与应用的国际化科研团队。

"一批大数据领域的优秀科学家来到深圳，一起开展了一些富有成效的研究，"罗智泉教授介绍，"按团队项目计划，运转 5 年之后，这支队伍就要解散，但市政府希望我们能把大数据研究持续做下去，并且给予稳定的经费支持。于是，2016 年年初，市科创委建议创办一个从事大数据基础研究的新型科研机构，这就是大数据研究院的缘起。"

罗智泉教授发起的这支团队还包括崔曙光教授、蔡小强教授、张树中教授、戴建岗教授等，他们每个人都拥有丰富的学术经历——

图 7-4　2017 年 12 月，罗智泉教授在 2017 年数据科学国际研讨会上接受记者采访

崔曙光，1997 年以专业第一名的成绩获得北京邮电大学学士学位，2005 年在美国斯坦福大学获得博士学位，先后在加州大学戴维斯分校等任讲席教授。2013 年，当选国际电气与电子工程师协会会士（IEEE Fellow）。2014 年，入选汤森路透（Thomson Reuters）全球高引用科学家名单和《科学观察》ScienceWatch 全球最具影响力科学家名单。2018 年和 2019 年，先后入选长江学者和国家重点研发计划首席科学家，正在牵头国家重点研发计划和广东省重点研发计划，现任大数据研究院常务副院长。

蔡小强，1988 年获清华大学系统工程专业博士学位，又先后在英国剑桥大学及贝尔法斯特女皇大学从事博士后研究 3 年，1991 年至 1993 年受聘西澳大利亚大学。之后，担任香港中文大学系统工程与工程管理学系系主任，香港中文大学（深圳）理工学院院长、协理副校长等职务，是国家杰出青年科学基金（海外类）获得者、广东省"珠江计划"领军人才，并于 2018 年当选国际系统与控制科学院院士，现任大数据研究院副院长。

张树中，1984 年毕业于上海复旦大学数学系，1991 年在荷兰伊拉姆斯大学获计量经济与运筹学博士，研究涵括最优化的理论与算法、基因表达分析与疾病诊断、信号处理和频谱管理、金融投资模型、风险收益管理和稳健优化、经济和对策论中的均衡和计算问题等领域。1999 年在香港中文大学系统工程与工程管理学系任教，2001 年获香港中文大学校长模范教学奖，2003 年获香港中文大学青年研究奖。还是国际上许多重要期刊的编委。现任大数据研究院副院长。

戴建岗，获南京大学数学系学士及硕士学位后赴美国斯坦福大学深造，并于 1990 年获数学系博士学位。后来在康奈尔大学执教多年，主要研究方向是随机排队网络，用来帮助设计、控制和优化各种复杂动力系统。是国际运筹学研究的引领学者。戴教授于 2012 年至 2018 年期间担任国际学术期刊《数学运筹》（*Mathematics of Operations Research*）的主编，多位诺贝尔奖获得者的论文都曾在该期刊上发表。2018 年，获颁国际计算机学会西格玛成就奖（*The ACM SIGMETRICS Achievement Award*），是该奖项设立 16 年以来华人科学家首次获此殊荣。现为大数据研究院首席科学家。

鉴于大数据研究院的前期发展成果，2018 年深圳市政府决定把大数据研究院从一支团队升格，依托香港中文大学（深圳）筹建，按照"深圳市基础研究机构"进行建设和管理。2019 年 1 月 6 日，大数据研究院正式授牌。

"大数据研究院可以说是从一支国际化团队'长'出来的一座研究院，

我们聚集了一群有情怀的科学家，每个人在国内外学术界都有很好的声誉，各自带来不少国际化的资源，我们组合在一起，可以共同发挥作用。回国参加建设，是我们这代知识分子无比重要的责任，也是无上的光荣。深圳市政府部门作风高效，目光远大，与

图 7-5 2018 年 12 月，崔曙光副院长在 2018 年数据科学国际研讨会上发言

我们同甘共苦，让我们每个人都感同身受，我们要把大数据研究院做大做强，争取聚集更多的国际顶尖人才和团队落地深圳，把研究院建成一个具有世界级影响力的大数据研究机构，大力提升其服务粤港澳大数据产业的支撑作用。"罗智泉教授对研究院成立缘起的介绍恰恰回答了前面的问题。在大数据研究院成立之前，正是由于有家国情怀的团队成员已经开展了几年的科研合作，彼此之间配合更默契，研究院运转更加高效，科研成果源源不断地产生也是水到渠成的结果。

3. 研究院的组织框架与运营模式

大数据研究院作为深圳市基础研究机构，前期主要由深圳市财政出资建设，依托香港中文大学（深圳）建设，研究院实行政府主导、协同创新、开放参与、科研与产业化并重的新型科研创新模式。不论从组织架构还是运营模式看，大数据研究院为国内新型科研机构的建设提供了有益的借鉴。

（1）组织框架

研究院特别注重人员招聘、运行和管理、科研任务落地以及科技成果的产业化，参与深圳市和粤港澳大湾区科研机构的相互合作，并积极与国内外大学和研发机构拓展合作。研究院将充分利用深圳市、粤港澳地区、国内外以及研究机构中大数据领域现有的人才队伍、研究资源，加快推进大数据研究院的建设。

香港中文大学（深圳）负责指导、规划、组织、落实研究院工作的实施和发展。从长远角度出发，希望把大数据研究院建设成为面向国际的大数据研究开放共享平台，广泛吸收各种大数据研究力量，深圳市有效推动大数据的基础研究和产业化。研究院设立了理事会，实行理事会领导下的院长负责制；理事会作为议事机构和监督机构。

（2）运营模式

深圳市为研究院设立了专项资金，将研究院人员经费、建设经费、运行经费、仪器设备更新改造费纳入每年市财政拨款。研究院还将与国内外研究机构合作，吸引各方资金以进一步支持研究院的建设与运行。

　　研究院参考国际一流研究机构的考核机制，建立国际化考核标准和高效的人才支撑体系，既能保证重大工程任务及时完成，又能保障在前沿科学创新、颠覆性核心技术发展等方面持续稳定地进行研究。

　　大数据研究院建设目标是成为具有国际一流水平的研究机构。按大数据研究院的建设目标，该研究院将每年完成包括科研、技术开发、产业化、团队建设、影响力、管理和运行绩效的年度报告，并定期组织评审考核。还会将年度报告和国际同行评价意见提交专家委员会和理事会考评审议。研究院院长聘任期为 5 年，其工作由理事会组织评审。各实验室按年度实行科研绩效考核，定期对各实验室的科技工作进行回顾与评估，为各实验室分析不足并明确方向，通过促进科研绩效的提高，推动研究院科研工作的可持续发展。通过绩效考核，为研究院经费与资源分配、方向规划等管理工作提供参考和依据。研

图 7-6　2018 年 12 月，首席科学家戴建岗教授在 2018 年数据科学国际研讨会上发言

究人员实行聘任制度，建立任期考核评价和绩效评估制度。

人才聘用方面，该研究院实行灵活开放的人员流动机制。具有人才招聘和管理的自主权，采用"聘用制＋合同制"相结合的方式聘用各类人才，严格执行高标准的人才引进门槛，实行联合聘用和院聘相结合的聘用制度，凝聚一流的创新团队。研究院的人事实行分类管理，对研究院的研究人员、技术开发人员和管理人员实行分类管理和考核；实行固定与流动相结合、专职与兼职相结合的人事管理模式。

研究院已经聚集了院士、国家杰出青年基金（含海外）获得者、长江学者、广东省珠江计划领军人才等，院聘、双聘、临聘科研人员 47 人，每年定期来访的短期科研工作者 13 人，在研究院开展科研项目的其他高校成员 27 人。

研究院固定人员有序进出机制，可以充实和优化研究队伍，保证研究院科研力量的高水准和稳定性；保留客座研究人员、访问学者、博士后等一定比例的流动人员，促进学科的交流与发展。

此外，大数据研究院还与国际上其他的优势研究团队和机构合作，开展综合性研究和交叉研究，实现优势互补。比如与美国密歇根数据科学学院、香港中文大学大数据中心等机构进行研究、人才合作等。研究院还会定期举行学术活动，包括暑期学校、学术会议、学术讲座等，保持同国际学术界和工业界的密切接触，建立交流沟通平台。

大数据研究院常务副院长崔曙光教授介绍，大数据研究院对标国内外一流研究机构建设，具有较为浓厚的国际化特色：一方面，研究院成立之初就聚集了一批拥有国际背景的科研人才，后来与斯坦福、普林斯顿大学等世界知名大学联合培养博士后，能够较好地聚集海内外的智力资源解决前沿科技难题；另一方面，研究院开展形式多样的国际学术交流活动，如

2018 年和 2019 年数据科学国际研讨会正是由大数据研究院分别与香港中文大学（深圳）、西安电子科技大学、明尼苏达大学数学与应用研究院、深圳大学等联合主办，在业界形成了良好的口碑和影响力。

4. 产出"实用"的科研成果

"过去医生看一个医学影像的片子至少需要半小时，现在通过大数据看片子只要 30 秒。"深圳市大数据研究院李镇博士介绍，"进行深度学习模型设计与训练，可以直接输出诊断报告与病兆诊断，辅助医生诊治，明显提高了诊断效率，减少误诊率。"

大数据研究院有这样一支队伍，专门从事医疗大数据研究。医疗大数据实验室主任万翔博士介绍，当下医疗大数据产业正处于快速发展阶段，团队的研究目前从三个方向有序开展：一是针对电子病例进行文本数据智能分析，二是医学影像大数据研究，三是基因组学大数据分析。除此之外，大数据研究院还与医院合作开发了患者数据采集管理系统。对患者智能回访及数据采集应用了先进的物联网技术，实现大规模、全方位的患者和医务数据采集，再通过大数据处理技术协助医生为患者提供更为精准的诊断和治疗。比如，系统可以通过病例分析，预测患者肾结石的复发概率及可能复发的时间；也可以基于膀胱癌患者的单细胞 RNA-Seq 数据，对膀胱癌的亚类型进行鉴别；还可以对关键致病基因进行发掘研究。研究院与罗湖医院就肾结石疾病复发进行的大数据统计分析预测，准确率超过90%；与罗湖区人民医院聚焦手足口病预防措施的有效性研究，也着实为市民提供了卓有成效的医疗服务。

图 7-7 2019 年 11 月 6 日，罗智泉院长与深圳市卫生健康委员会的专家进行互动

电子病历是医院信息化建设工作的核心，医疗文书往往以自然语言的方式进行录入，而结构化则是站在医学信息学的角度按照医学术语的要求进行分析，将这些语义结构转化为关系型结构，并保存到数据库。

目前，医疗文本标注领域尚无成熟的系统，主要有以下几个方面的原因：一是中英文语法不同，英文系统无法应用于中文文本；二是汉语语法表述个人性较强；三是需要大量已标签的文本数据，目前尚未有公开的此类数据集。因此有待建立一套完整、可实用的标注准则。大数据研究院的科研人员针对汉语语言的特点，对现有的中文医疗文本标注方法做出改进，建立一套完整可行的词库，同时改进和提出新的机器学习算法，开发出中文电子病历自由文本自动标注系统，对医疗文本中的各类实体及断言（包括否定）进行自动标注。

大数据研究院的电子病历项目计划引入中文分词技术，可以解决电子病历数据的结构拆分难题，实现电子病历用户在实际应用中通过自然语言进行自由文本方式输入的同时，能够通过计算机的辅助进行病历内容的数据化，为日后的查询、统计、数据交换提供基础。还可以实现电子病历查询的快速索引、辅助结构化输入等实用功能。

另外一个亮点工作，就是从电子病历中提取知识图谱。医学知识图谱是实现智慧医疗的基石，有望带来更高效、精准的医疗服务。然而，现有知识图谱构建技术在医学领域中普遍存在效率低、限制多、拓展性差等问题。团队针对医疗数据跨语种、专业性强、结构复杂等特点，对构建医学知识图谱的关键技术进行了全面解析。

万翔博士解释道："现阶段，国内医疗领域中基于知识图谱的疾病预测研究工作才刚起步，所以构建基于知识图谱的医疗知识系统对于智慧医疗的发展具有一定的辅助意义。首先，我们要建立一套完整可行的标注准则，并依据这个准则对应电子病历中的实体关系。其次，我们要改进和提出新的机器学习算法开发一套中文电子病历实体关系标注系统，对医疗文本中的各类实体关系进行自动标注。目前，我们已经设计了一套实体关系标注准则，并且已经开始测试标注工作。"

大数据研究院常务副院长崔曙光教授分管研究院的科研工作，他对研究院旗下的几大实验室的科研进展有深入了解。他说："我们医疗大数据实验室瞄准基因组学这个前沿领域展开了布局，目前正与罗湖区人民医院泌尿科开展科研合作，采用基因组学的方法精准治疗膀胱癌；金融大数据实验室正在建设一个面向全世界科研人员的开放性金融数据平台，为科研人员提供世界级水平的数据，促进金融大数据科研工作的开展。"

大数据研究院与深圳市卫健委、深圳市气象局和龙岗区政务服务数据管理局等政府部门签署了合作研究协议，也与中国联通网络技术研究院签署了战略合作协议，并成立了联通大数据研究院联合实验室。研究院与深圳达实智能股份有限公司、重庆两江产业集团、无锡识凌科技公司、中国电子科技集团等许多大型企业建立了联系，苏州市大数据管理局和福建省食品药品监管局也到访大数据研究院进行深入交流，并寻求进一步合作。研究院的合作单位还包括中电集团、南方电网、腾讯、京东、阿里巴巴、中国移动、中信银行、深圳市博源电子商务有限公司等。

大数据研究院以关键技术基础理论研究为基础，积极进行成果转化与产业推广，促进带动我国新一代信息技术产业整体提升。

5. 内引外联寻求多方合作

大数据研究院拥有自主知识产权的核心技术，用于解决大数据处理和人工智能领域从理论模型、算法优化到应用实践整个过程中的关键问题。除了产业合作外，研究院也积极参与一些国家标准制定，贡献了宝贵的智慧。

崔曙光教授介绍，大数据与人工智能的应用是医疗信息化改革的重中之重，如果国家没有监管标准，医疗信息化建设就不会有序地发展，因此需要有公信力的专业机构参与国家标准的制定。大数据研究院的科研实力得到了政府部门的认可，因此有幸与国家卫健委、深圳市卫健委等单位合作，参与标准制定。

为加强医疗大数据、人工智能应用研究管理，大数据研究院从专业的角度提升医学人工智能应用研究管理的科学性、规范性和高效性，同时逐步提升研究水平和应用能力。这些办法的制定为医学人工智能辅助诊断和临床辅助决策提供了有力的支持。

五年来，大数据研究院聚焦大数据科学研究中的核心问题：大数据基础理论、大数据核心算法与技术、大数据驱动的智能应用技术。团队研发的大数据智能分析处理模型和算法在能源、医疗、航天、化工、环境、国防等领域具有广泛的应用前景。未来，研究院将以"平台、算法、数据"为中心，在大数据及人工智能核心领域展开研究并探索新的应用。作为深圳市基础研究机构之一，大数据研究院将继续建立世界级的大数据研究机构和协同研发平台，组建一流的科研团队，推动先进技术的成果转化，发展引领大数据产业变革的颠覆性技术。

罗智泉教授乐观地说："大数据研究院发展势头很好，产业需求很大。未来我们可以通过建设大数据协同研发平台，促进粤港澳大湾区大数据应用深度融合，助力深圳成为全球大数据领域的领先城市和示范城市。"

图 7-8 2019 年 6 月，国家卫健委举办医学人工智能应用研讨会

第
八
章

为源头创新而来：
鹏城实验室

深圳先行示范丛书

SHENZHEN

XIANXING

SHIFAN

CONGSHU

在新科技革命与产业革命蓄势待发的今天，原始创新极大地激发培育了新动能，我国对建设创新型国家做出一系列重大决策部署。其中，国家实验室建设是近几年国内科技界最关注的议题之一。

广东省作为我国改革开放的先行先试示范区，也在积极探索培育国家实验室"预备队"，先后分三批成立了 10 个省实验室。鹏城实验室作为首批四家省级实验室之一，2018 年在深圳布局，覆盖信息领域，近期研究重点为网络通信、人工智能和网络空间安全，被广东省、深圳市列为争创国家实验室的首推对象。自成立以来，取得了令人瞩目的成绩。

2019 年 7 月 29 日，中央电视台《新闻联播》节目专门报道了鹏城实验室的喜人成就："广东把创新当作发展的第一动力，瞄准基础研究和源头创新的短板，大刀阔斧地开展体制机制变革，为高质量发展注入源源不断的强劲动力。鹏城实验室不到一年时间，就对粤港澳大湾区未来网络、人工智能、先进制造等世界前沿技术开始研发突破。鹏城实验室是广东省第一个省级实验室，还创新性地提出共建模式，创新成果各方共享，吸引了 20 位院士和 10 多个前沿项目科研团队加入实验室。"

鹏城实验室为源头创新而来，为基础研究而来，为粤港澳大湾区建设国际科技创新中心而来，为实现科技强国梦而来！

1. 建设国家实验室是实现科技强国梦的必然选择

党的十九大报告强调"加强国家创新体系建设，强化战略科技力量"，标志着国家战略科技力量建设已经上升为党和国家的意志。党的十九届四中全会审议通过的《中共中央关于坚持和完善中国特色社会主义制度、推进国家治理体系和治理能力现代化若干重大问题的决定》明确提出"强化国家战略科技力量，构建社会主义市场经济条件下关键核心技术攻关新型举国体制"，特别指出新型举国体制与国家战略科技力量建设的重要联系。国家实验室是面向国际科技竞争、开展国际科技合作的创新基础平台，是保障国家安全的核心支撑，在国家战略科技力量组成中处于龙头地位。

2015年11月，习近平总书记在《关于〈中共中央关于制定国民经济和社会发展第十三个五年规划的建议〉的说明》中明确指出，要加快建设以国

图 8-1　鹏城实验室外景

家实验室为引领的创新基础平台；强调我国科技创新已步入以跟踪为主转向跟踪和并跑、领跑并存的新阶段，亟须以国家目标和战略需求为导向，瞄准国际科技前沿，布局一批体量更大、学科交叉融合、综合集成的国家实验室，优化配置人财物资源，形成协同创新新格局。

国家实验室围绕国家使命，主要从事基础性和战略性科研任务，通过多学科交叉协助，解决事关国家安全和经济社会发展全局的重大科技问题。要以国家实验室建设为抓手，强化国家战略科技力量，在明确国家目标和紧迫战略需求的重大领域，在有望引领未来发展的战略制高点，以重大科技任务攻关和国家大型科技基础设施为主线，依托最有优势的创新单元，整合全国创新资源，建立目标导向、绩效管理、协同攻关、开放共享的新型运行机制，建设突破型、引领型、平台型一体的国家实验室。这样的国家实验室，应该成为攻坚克难、引领发展的战略科技力量，同其他各类科研机构、大学、企业研发机构形成功能互补、良性互动的协同创新新格局。

2. 深圳经济发展亟须高水准科研机构支撑

改革开放四十年来，深圳经济高速发展令全球瞩目，尤其在实施创新驱动发展战略方面取得了累累硕果。2019 年 1 月至 11 月，深圳全市高新技术产业产值达 23878.48 亿元，同比增长 10.41%，高新技术产业增加值 8190.14 亿元，同比增长 11.52%；PCT 国际专利申请量常年保持在全国的 34.8% 以上，居全国城市首位。

然而，深圳经济发展仍然存在基础研究不足、源头创新稀缺的短板，国家科技力量和资源少有布局。

深圳长期以来都严重缺乏国家级实验室和大科学装置的布局，这与深圳快速发展的科技产业实力极不匹配。近年来，教育部、中国科学院、中国工程院等部门积极协商推进国家重点实验室体系的改革和重组工作，包括在新兴学科和领域新建一批国家重点实验室，党中央国务院也在研究要建设最高级别的国家实验室。那么，深圳能否在这一轮调整中抓住机会拔得头筹呢？

《深圳商报》在 2020 年 1 月刊发了一篇题为《国家实验室，深圳何时实现零突破？》的文章，指出："截至 2019 年 11 月底，深圳累计拥有国家、省、市级重点实验室、工程实验室、工程（技术）研究中心和企业技术中心等各类创新载体达到 2260 家，其中国家级 118 家，省部级 605 家。但在国家实验室的队列中，未现深圳身影。"这篇文章说出了深圳人的心声，深圳产业界也迫切需要高水准科研机构为他们的技术研发提供更强有力的支撑。

实际上，深圳市委、市政府对基础研究不断加大投入，在争取布局国家实验室、大科学装置方面也不遗余力。2019 年，深圳科技研发资金预算规模 123 亿元，其中基础研究为 45.36 亿元，占科技研发资金超三成。特别引人关注的是，在已启动建设的 10 家广东省实验室中，由深圳举办或参与的占了 4 席，包括鹏城实验室、生命信息与生物医药广东省实验室（深圳湾实验室）、人工智能与数字经济广东省实验室（深圳），以及岭南现代农业科学与技术广东省实验室深圳分中心。

2019 年 8 月 18 日，《中共中央 国务院关于支持深圳建设中国特色社会主义先行示范区的意见》正式发布，提出以深圳为主阵地建设综合性国家科学中心，在粤港澳大湾区国际科技创新中心建设中发挥关键作用。这对深圳建设更高水准科研机构给与了有力的推动。

　　深圳市领导多次强调，利用"双区驱动"的背景，结合习近平总书记对粤港澳大湾区的重大期待，结合深圳要转型高质量发展的重大历史变革，以鹏城实验室为基础，要率先争创首批国家实验室。

3. 鹏城实验室大胆探索体制机制创新

　　高文院士深深地知道，在新型市场经济环境下，体制机制创新是建设一个平台型、综合型的国家实验室的制度保障和基本前提。"国家实验室应当是由国内最优秀的科研团队按需组成的面向特定攻关任务的国家队，在基础设施上应当是最先进完整的，同时可以与其他各类科研机构、大

图8-2　2019年3月29日，鹏城实验室高文主任、梅涛主任助理，
国家超级计算深圳中心冯圣中主任、唐仁华副主任一同为鹏城大科学装置基地揭牌

学、企业研发机构在人才和设施上形成功能互补、良性互动的协同创新格局。因此我们认为，建设国家实验室关键是要探索全新的聚合机制，按照国家重大战略需要高效聚合科技资源，形成协同创新。也就是说，建设国家实验室应该把机制探索摆在首要位置。"

作为第一批启动建设的广东省实验室，鹏城实验室起点高、规模大，以打造国家实验室预备队为目标。鹏城实验室于2017年12月授牌，2018年3月正式成立，经过两年多时间的发展，在体制机制创新、科研创新、重大科技设施建设方面均取得了明显的成绩，成为广东省和深圳市"科技体制机制改革的试验田"。

按照省委、省政府和市委、市政府的部署要求，实验室充分发挥先行先试的改革精神，积极开展符合大科学时代科研规律的科研体制机制创新。鹏城实验室在机构性质、运行模式、人才聚集、合作共建、协同创新方面开展了有效的探索实践，着眼于自身发展定位，对标国际一流的创新机构，重视自身运行机制的创新。鹏城实验室建立以理事会为核心的法人治理结构，实行理事会领导下的主任负责制，设立了含22位院士专家在内的学术委员会和16位国内外顶级专家组成的战略咨询委员会。

鹏城实验室是由政府财政支持成立，但是无编制、无级别，实行社会化用人、企业化管理、市场化薪酬的运营方式。深圳地处改革开放前沿，40年的经济特区建设培育了发达的社会主义市场经济环境。鹏城实验室的领导班子需要深入思考的一个问题是，如何利用市场经济条件促进创新要素自由顺畅地流动。

于是，该实验室遵循"开放、合作、流动"的原则，积极探索实践高端科研人才"双聘"制，不断完善其内核定义，与共建单位逐步形成共享融合、协同创新、多方认可的示范性用人模式，使"双聘"人员成为既流

图 8-3　鹏城云脑运维中心

动又稳定、可随重大科研任务而动的共享人才。目前，实验室已有来自北京大学深圳研究生院、清华大学深圳国际研究生院、哈尔滨工业大学（深圳）、香港中文大学（深圳）、南方科技大学等共建单位的双聘人才100余人。

鹏城实验室根据按需定岗、按岗聘用、合同管理、动态调整原则组建起能够支撑重大科研项目研究和大科学装置建设的人才队伍体系，对科研人员、技术人员、行政人员采用不同聘任、管理和评价方式。一方面，积极推进实验技术人员和管理人员的职业化、专业化、服务化；另一方面，通过全职、双聘和兼职三轨并行方式面向全球招聘科研人员，在更大的经费支配权、资源调动权和技术路线决策权上支持科研建设。

自成立以来，鹏城实验室坚持引进和培养并重的原则。根据重大科研项目布局需要，以大科学装置建设为牵引，快速构建了一支科研成果卓著、学术造诣深厚的高端人才队伍。截至 2020 年 7 月，鹏城实验室人员规模已达 1500 人，其中院士 26 位，全职人员 530 余人，双聘和兼聘人员近 700 人，其他流动人员近 300 人。在粤港澳大湾区范围内初步形成高端人才的"群体聚集效应"。

实验室在科研管理方面，采用研究中心重点项目和院士工作室前沿探索双轮驱动科研模式：研究中心专注国家级目标导向的项目研究；院士工作室则鼓励进行自由探索研究，提供宽松的环境，院士工作室帮助实验室聚集创新资源、探索学术前沿、突破关键技术、培育科技创新团队。逐步形成"院士领衔、双轮驱动、优势共建、机制创新"的科研架构，实践证明，这样的科研架构清晰合理，为实验室科研工作有序高效开展提供了强有力的支撑。

4. 聚焦三个方向开展科研创新

深圳在短短十几年里能够迅速在源头创新上布局，这是什么原因呢？

邹鹏常务副主任认为有三个主要原因：一是深圳改革开放 40 年来积累了丰富的物质成果，也形成发达的市场经济体制优势；二是结合"一带一路"倡议的大局，成为国家战略布局的节点，对深圳创新提出了新的需求；三是深圳制度上具有先行先试、包容性强的优势，深圳诸多大型企业具有内生的动力，科技产业需要更高层次的科研设施和科研力量来支撑。

　　"天时、地利、人和，决定了深圳有实力来承担建设国家实验室的重任。"邹鹏微笑着说，"做事情应该有抓手、要有纲，纲举目张。人工智能是引领这一轮科技革命和产业变革的战略性技术，具有溢出带动性很强的'头雁'效应。我们提出了以人工智能为重点的'人工智能、网络通信和网络空间安全'三位一体重点研究方向和布局。"

　　高文院士认为，尽管人工智能是在西方兴起，但随着我国科学技术的飞速发展，人工智能在中国已经串联起大数据、云计算、移动通信等核心技术。我国人工智能发展有四大优势，政策优势放在第一位，我国制度的优越性就在于集中力量办大事，在推动中国人工智能2.0的发展战略方面，从顶层设计和具体落地都非常齐全，旨在推动中国新一代人工智能的蓬勃发展。中国虽然具备数据优势、应用场景丰富的优势和投融资数额高的经

图8-4　2019新一代人工智能院士高峰论坛现场

济优势，但人工智能发展存在三大不足：一是基础研究薄弱，二是尖端人才较少，三是有影响力的开源平台较少。因此，一是要着力于人工智能的基础研究和尖端人才培养；二是应当在市场行为和国家政策之间找到一个平衡。他说："企业是面向市场的，希望投资有回报而且越大越好；对于长线的投资，国家可以制定一系列配套的优惠政策，对于我们目前处于劣势的领域有所扶持。"

鹏城实验室就是一个致力于人工智能基础研究和尖端人才培养的基地，一个建设人工智能科技基础设施的最佳平台。高文院士和他的班子成员无比清醒地看到，深圳作为我国通信与信息产业最发达的地区之一，人工智能需求巨大。建设鹏城实验室的"纲"，就是人工智能，以"纲"引领网络信息技术发展。

鹏城实验室着眼国家和广东省重大战略需求，聚焦网络空间科学与技术领域，从人工智能、网络通信和网络空间安全三个方向进行重点布局。实验室自主立项 8 个重点科研项目，分别是"云脑开源软硬件平台""人工智能赋能重大应用""大湾区未来网络试验与应用环境""海洋立体通信网络示范验证平台""网络技术仿真验证平台""自主可控生态环境""水下敏捷机器人协同作业平台"和"量子算法与软件云平台"，已取得系列阶段标志性成果。引进设立 16 个院士工作室，围绕虚拟现实、计算金融、区块链、自主芯片、智能协同、类神经元智能异构网络等前沿领域开展探索。

鹏城实验室积极承担国家、省、市重大课题任务，其中"人工智能开源平台建设与应用"项目已列入国家发改委 2019 年人工智能创新伙伴计划。在解决"卡脖子"问题和国产计算生态建设等方面，实验室联合优势企业共同承担应急重大科研专项，体现鹏城担当。

　　鹏城实验室特别重视国际化合作，以实验室为依托面向全球打造开放交流平台。已与香港城市大学、新加坡国立大学签署战略合作协议，与悉尼科技大学、英国南安普顿大学等 20 余家海外大学和科研机构开展国际合作。主导并参与科技部新一代人工智能产业技术创新战略联盟（AITISA）、中国开放指令生态（RISC-V）联盟等行业组织，共同推进人工智能关键核心技术研发、自主可控生态建设、5G 标准制定等工作。同时，作为主办单位组织高水平会议、竞赛和学术交流，如人工智能院士高峰论坛、网络安全高峰论坛、全国博士后学术论坛、全国人工智能大赛、重大学术研讨会和竞赛，吸引学界一流学者到访交流。

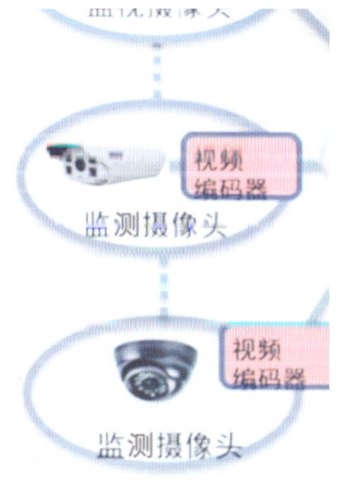

图 8-5　高文院士参加活动，并发表演讲

5. 大科学装置为原始创新提供技术基础

　　大科学装置是人类探索未知世界、提高科技原始创新能力的物质基础。大科学装置的水平其实代表了一个国家的科技发展水平。以前科学家一个人在实验室里面就能做好多事情，但是科技发展到今天，即便是优秀的科学家也需要借助一些非常高级、非常前沿的科学装置展开工作。重大科技基础设施可以为科学研究提供极限科研环境，为促进产业发展提供支撑。因此，大科学装置是基础研究的利器，也是人才聚集的平台。国家实验室应该把重大科学装置的建设作为重点，探索如何最大化发挥这些科学装置和设备的效用。

　　对此，高文院士表示："综观国际上做得比较好的国家实验室，特别

图 8-6　首届人工智能大赛颁奖典礼现场

是美国的国家实验室，大多建有极具特色的科学研究平台和大科学装置。比如现在世界上计算能力最强的两台超级计算机 Summit 和 Sierra，分别建立在美国橡树岭国家实验室和美国劳伦斯·利弗莫尔国家实验室。具备高水平的科研基础设施才有可能开展'攻坚克难、引领发展'的战略研究。"

鹏城实验室一直重视重大科学装置的建设，国家新基建相关规划出台后，可以看到实验室在科学装置的建设思路上与国家规划高度一致。两年来，鹏城实验室已经在 4 个信息类基础设施建设上取得了阶段性成果。鹏城云脑属于智能算力基础设施，今年预计实现 E 级 AI 算力；鹏城云网覆盖大湾区 13 个城市的未来网络区域环境，是通信网络信息基础设施；自主可控生态环境的鹏城生态以及网络安全领域的鹏城靶场，按最新分类都属于创新基础设施。四大重点科学基础设施相互配合、相互促进，形成了独具特色又生动高效的科研发展态势。这些设施建设都取得了阶段性成果，对外开放共享，发挥了良好的社会效益。

基于上述这些科学装置平台，鹏城实验室较好地发挥了"对接国家战略、服务区域发展"的作用。实验室未来园区选址在深圳市西丽湖国际科教城石壁龙片区，该片区是西丽湖国际科教城三大片区之一，高校林立、高端人才集中、高新技术企业集聚，产学研优势明显，交通便利，自然景色优美。

2019 年，鹏城实验室立足粤港澳大湾区，发挥国际化区位优势，在河套深港科技创新合作区设立人工智能国际研发中心，首批已引进自主健康、智慧金融理论、智慧金融应用 3 个国际合作项目。

基础研究、源头创新打造的新动能正在成为塑造中国发展的新优势，粤港澳大湾区建设和深圳先行示范区建设如火如荼。近期，深圳又获批建设综合性国家科学中心，作为对标国家实验室建设的广东省实验室，鹏城实验室面临着巨大挑战和机遇。

习近平总书记指出："我们最大的优势是我国社会主义制度能够集中力量办大事。这是我们成就事业的重要法宝。过去我们取得重大科技突破依靠这一法宝，今天我们推进科技创新跨越也要依靠这一法宝，形成社会主义市场经济条件下集中力量办大事的新机制。"鹏城实验室未来将有机结合制度优势和市场化竞争机制，重点在运行管理、人员分类管理、优质资源聚合、科学评估评价等方面继续大力开展先行先试的创新实践，为国家实验室建设积累经验。

重任在肩的高文院士满怀信心地说："粤港澳大湾区是国家级区域创新先行者，也是国际科技创新中心，能扎根于此，我们深感使命光荣、责任重大、机遇与挑战并存。我们希望借助于鹏城实验室的平台，让业界对鹏城实验室的规划、目前进展和未来愿景有更多认识，希望继续大力开展先行先试的创新实践，为国家实验室建设积累经验，也希望更多的有识之士加盟到鹏城实验室。"

结　语

　　十九大报告指出，创新是引领发展的第一动力，是建设现代化经济体系的战略支撑。如今，基础研究、原始创新，从实验室到市场的路径越来越短，创新打造的新动能正在成为塑造中国发展的新优势。

　　发达的市场化环境、完善的制造业链条、活跃的创新创业氛围、优秀的企业家群体……在解读深圳创新浪潮时，深圳的创新优势尽管已成共识，但各级政府却对深圳的创新环境有异常清醒的认识，深圳的创新环境短板主要表现在基础研究布局与投入不足，缺少高水平大学、科研院所及创新载体等。如何在产业发展和科技能力提升上齐步走，加紧建设新型科研机构、科技基础设施，瞄准实验室经济和战略性新兴产业，都成为深圳人的努力方向。

　　十多年来，深圳的科技创新事业主要体现在企业积极开展自主创新，创新成果绝大部分属于跟随创新的范畴，这是科技创新的"1.0版本"；而未来的深圳，政府将加大对国家实验室、研究型大学、新型科研机构、大科学装置等科研基础设施投入，打造一批高端的创新条件平台，吸纳具有攻坚能力的科研团队，更注重源头创新能力的建设，努力将科技创新的水平和规模推向新的高度，向世界一流看齐，这好比科技创新的"2.0

版本"。因为，唯有打破制约科技创新的种种壁垒，创新要素才能自由充分流动，创新引擎才有可能催生一批原创性的科技成果，筑就深圳国际一流创新中心的地位。

"实验室为平台、研发为核心、人才为根本"的实验室经济正成为核心商业模式。它通过综合企业和科研机构的比较优势，形成"实验室＋市场"的组织结构，具有市场导向性强、科技成果转化率高、技术人才成长快、经济效益高等特点。在实验室经济中，科研机构、高校的地位与作用尤其突出，是源头创新的动力所在。国家实验室是凝聚、储备和培养杰出科技人才的重要基地，也是先进大型科学研究仪器和技术服务保障平台。新时期，我国在发展实验室经济方面也做了很多积极探索，对源头创新能力投入力度更大，对国家实验室建设也更加重视。

习近平总书记在2016年5月30日全国科技创新大会上指出："要在重大创新领域组建一批国家实验室。这是一项对我国科技创新具有战略意义的举措。"以国家实验室建设为抓手，强化国家战略科技力量，在明确国家目标和紧迫战略需求的重大领域，在有望引领未来发展的战略制高点，以重大科技任务攻关和国家大型科技基础设施为主线，依托最有优势的创新单元，建立目标导向、绩效管理、协同攻关、开放共享的新型运行机制，建设具有突破型、引领型、平台型特征的国家实验室。

实验室经济方兴未艾，在经济转型升级的过程中，深圳市各相关部门未雨绸缪，提前布局。他们深知，深圳的科技创新再上新台阶，必须参与国家重大科技计划，搭建国家级创新载体，服务国家重大创新使命，为深圳企业搭建更高水平的科研合作平台。

今天，鹏城实验室为源头创新而来，它是广东省第一个省级实验室，正在争取纳入国家实验室的建设布局。深圳量子研究院经过两年多时间的不懈努力，有望成为国家量子领域战略科技力量的重要基地。深圳先进院更是发挥出科研机构"国家队"的强大作用，促进机器人、生命健康、人工智能等新兴产业的迅猛发展，如今依托先进院正在加紧建设光明脑科学、合成生物学和先进电子材料等方向的研究机构和重大科技基础设施，为未来粤港澳大湾区的战略性新兴产业发展贡献更大力量。

深圳是改革开放的窗口，对新型经济模式的探索也走在全国前列，一些高科技企业已经实施了实验室经济的组织模式，都参照国际领先公司建有自身的研究组织，投入大量资金和人力，建立起一个完整、有效的研发环境，通过技术创新，保持产品领先、质量过硬，具备很强的市场竞争力，最终使企业的持续发展得到保障。

在深圳市委、市政府的领导下，深圳市科创委、发改委等部门通过制度建设和政策引导，支持、培育和壮大一批具有国际科技创新前沿水准、汇聚国际创新人才的新型科研机构和科技重大基础设施。陆续建设起来的十多家新型科研机构与深圳众多企业广泛开展产学研合作，这些合作大体可以分成技术转让、委托研究、共享和共建实验室四种模式。深圳先进院、大数据研究院、量子研究院、深港脑院、合成创新院、电子材料研究院、鹏城实验室等科研机构都是企业争相合作的对象。

深圳市在建设新型科研机构方面采取了三个创新型策略：一是引导与提高政府监管效率方面，不断改善政府资助与政策支持的方式，提升新型科研机构的竞争效率；二是资金使用与管理方面，围绕产业链部署创新链，围绕创新链完善资金链，细化和优化资金支持方式，三是激励引导机制方面，引导重点放在科学发现与可商业化之前的研发阶段，通过新型科研机构汇聚和其合力，并建立风险承担与成果分享的激励机制，促进高端技术的落地产业化。

通过这些创新型策略，深圳市新型科研机构活力四射，成果迭出，与产业界合作越来越紧密，产业链、创新链、资金链的"三链"融合初见成效。

原始创新没有止境。在世界经济与科技竞争日趋激烈的大背景下，要实现科技创新领域的"领跑"，实现关键核心技术的突破，还需要在原始创新上持续发力，重点突破基础研究薄弱的瓶颈。

　　全国人大代表、腾讯董事会主席兼首席执行官马化腾认为，应充分发挥企业创新主体作用，鼓励政产学研深度融合与合作，促进人才、资金、信息、技术等创新要素自由流动，动员社会力量形成创新合力，共同解决中国关键核心技术与基础研究薄弱的问题。他建议，国家应鼓励和引导有意愿的企业，积极与科研机构联合研发，在突破核心技术的原始创新上共同发力。希望政府就企业参与申报国家科技计划、国家重点实验室、国家创新基地、科技评奖等事务，提供更顺畅的渠道和更灵活的政策。

　　其实，马化腾不仅仅代表的是企业界意见，多个科研机构负责人也纷纷表示，弥补基础研究短板应该更加注重发挥市场的资源优化配置作用，着力发挥市场经济条件下市场对资源配置的决定性作用，国家应利用科技产业政策和行政、税收等手段加以引导，让企业成为科技创新主体。新型研发机构要从依靠政府扶持转向市场创新服务的可持续发展路径，充分发挥新型研发机构在我国科技创新事业中的独特作用。

　　新旧动能转换，更需要深圳先进院、量子研究院、鹏城实验室这样的新型科研机构在全国各地崛起，勇当科研"火车头"，做出更多从"0到1"的原始创新，为我国经济发展提供强大的科技支撑。

　　未来已来，数风流人物，还看今朝。

海天出版社
HAITIAN PUBLISHING HOUSE

速度强化 · 结构优化 · 动力转化

经济改革战略调整

|先行 示范|

深圳先行示范丛书·科技创新卷

本卷丛书共四册，每册定价 88.00 元

图书在版编目 (CIP) 数据

源头与活水：新型科研机构 / 王小广主编；杨柳
著.—深圳：海天出版社,2020.12
　（深圳先行示范丛书.科技创新卷）
　ISBN 978-7-5507-3010-6

　Ⅰ.①源… Ⅱ.①王… ②杨… Ⅲ.①科学研究组织
机构—研究—深圳 Ⅳ.①G322.236.53

中国版本图书馆CIP数据核字（2020）第181731号

源头与活水：新型科研机构

YUANTOU YU HUOSHUI: XINXING KEYAN JIGOU

出 品 人	聂雄前
责任编辑	梁 萍
特约编辑	丁宁宁
责任校对	赖静怡
责任技编	梁立新
封面设计	蒙丹广告

出版发行	海天出版社
地　　址	深圳市彩田南路海天综合大厦　（518033）
网　　址	www.htph.com.cn
订购电话	0755-83460239（邮购、团购）
设计制作	蒙丹广告0755-82027867
印　　刷	深圳市天鸿印刷有限公司
开　　本	787mm×1092mm　1/16
印　　张	13.5
字　　数	150千
版　　次	2020年12月第1版
印　　次	2020年12月第1次
定　　价	88.00元